Dieses Buch ist den Menschen gewidmet,
die bereit sind, auf ihr Geld zu achten.

Mein besonderer Dank für die ständige, freiwillige Mitarbeit und die vielen Tipps und Ideen gilt Herrn Werner A. Schließmann.

Und ich möchte meinen Söhnen David und Daniel danken, die in der Aufbauzeit von Mein-Finanzbrief viel auf mich verzichten mussten und auf die ich beide sehr stolz bin.

Der Finanzplan
einfach gut mit seinem Geld auskommen

Mit einfach umsetzbarem Beispiel
anhand des Finanzplans in Excel

Der Herausgeber Stephan Kaiser war von 1982 bis 2005 als geprüfter Vermögensberater (BWA, BDV) tätig. Davon in den Jahren 1990 bis Ende 2005
in der Funktion eines Direktionsleiters. In seiner Aufgabe als Betreuer hat er
über 50 Beraterinnen und Berater ausgebildet und dabei hunderte von Schu-
lungen, Vorträgen und Seminaren gehalten und veranstaltet.

Die Finanzplan-Idee entwickelte er im Jahr 2002, weil ihm immer wieder
auffiel, dass eine Methode fehlte, wie man, vor allem als Selbständiger,
einfach und trotzdem gut mit seinem Geld auskommt. Im Januar 2006 erfüll-
te er sich seinen Lebenstraum und arbeit seither ausschließlich (als FinanzplanTrainer) im FinanzplanTeam. Dort ist er als Entwickler für den Finanzplan in Excel und alle Finanzberechnungsmodule verantwortlich.

Das FinanzplanTeam verkauft oder vermittelt keinerlei Finanzprodukte. Es
spricht auch keine Empfehlungen für ein bestimmtes Angebot oder eine
Firma aus, sondern beschränkt sich bei allen Produkten auf deren neutrale
Beschreibung der jeweiligen Vor- und Nachteile.

Der Vater von zwei erwachsenen Söhnen lebt und arbeitet in 89547 Gerstet-
ten auf der Schwäbischen Alb.

E-Mail Kontakt: stephan.kaiser@mein-finanzbrief.de
Im Internet unter: http://www.mein-finanzbrief.de

Bibliographische Information der Deutschen Bibliothek
Die Deutsche Bibliothek verzeichnet diese Publikation in der Deutschen
Nationalbibliographie; detaillierte bibliographische Daten sind im Internet
über <http://dnb.ddb.de> abrufbar.

© Copyright 2004-2017 Stephan Kaiser

Herstellung und Verlag:
BoD - Books on Demand, Norderstedt
ISBN Nummer 978-3-8391-8376-2

3. Auflage 2017

Wünsche zur Verwendung oder Verwertung der Inhalte von Der Finanzplan
zur Förderung der Allgemeinbildung und der finanzwirtschaftlichen Kompe-
tenz sind jedoch willkommen. Sie sind unter der E-Mail Adresse
support@mein-finanzbrief.de an den Verfasser zu richten, der über die
Rechtevergabe entscheidet und schriftlich informiert. Solchermaßen ver-
wendete oder verwertete Inhalte des Buches Der Finanzplan sind zu kennzeichnen mit ›Aus dem Buch , Der Finanzplan ' Freigabe vom‹ und um das
Datum der Freigabe zu ergänzen.

Inhaltsverzeichnis

Literaturverzeichnis

1) „Die Macht des Unterbewusstseins" von Dr. Joseph Murphy
2) „Tochter des Pharao" von Joan Grant (ein Roman)
3) „Autosuggestion" von Emile Coue
4) „Die Entscheidung liegt bei Dir" von Reinhard K. Sprenger
5) „Kreative Lebensplanung" von Paul Ch. Donders
6) „Der reichste Mann von Babylon" von George Samuel Clason

Vorwort

Warum ist der Umgang mit dem eigenen Geld manchmal so schwer?

Warum kommen manche Menschen einfach gut mit ihrem Geld aus und andere plagen sich von Monat zu Monat?

Warum kauft man sich immer wieder Dinge, die man nicht braucht, um damit Menschen zu imponieren, die man eigentlich gar nicht mag?

Oder: Warum ist am Ende des Geldes noch so viel Monat übrig?

Die Antwort auf diese und viele andere Fragen zum Thema ‚Umgang mit dem eigenen Geld' können Sie in diesem Buch finden und für sich gewinnbringend umsetzen.

Ich habe selbst über 20 Jahre als Vermögensberater für Privatleute unzählige Beratungen durchgeführt und war darüber hinaus im Bereich der Aus- und Fortbildung für Vermögensberater tätig.

Da ich viele Erfahrungen am eigenen Leib machen konnte, durfte und musste, weiß ich wovon ich spreche. Mit 18 Jahren habe ich mich selbständig gemacht und war mit 26 Jahren im 7-stelligen Bereich verschuldet. Es dauerte einige Zeit, bis ich verstand, wie der Umgang mit Geld wirklich funktioniert und was man dabei beachten muss.

Mit den Empfehlungen und Anregungen, die ich in diesem Buch gebe, habe ich es schließlich geschafft, meine finanzielle Situation komplett zu wenden.

Dieses Buch will kurz und in knappen Worten auf den Punkt kommen. Auf langatmige Erklärungen wurde deshalb bewusst verzichtet. Machen Sie sich einfach Ihre eigenen Gedanken dazu. Glauben Sie bitte nicht einfach, was hier geschrieben steht, sondern prüfen Sie kritisch.

Aber lassen Sie sich auch auf neue, vielleicht am Anfang noch etwas ungewohnte Gedanken ein. Nur so können Sie schließlich einen Umgang mit dem eigenen Geld finden, der zu Ihnen passt.

Und das ist das Ziel dieses Buches: Ihnen dabei zu helfen, sich beim Umgang mit dem lieben Geld wohl zu fühlen und dabei Ihre materiellen Ziele zu erreichen.

Ich wünsche Ihnen viel Spaß beim Lesen und hoffe sehr, dass auch Sie von dem einen oder anderen Punkt profitieren können.

Ihr

Stephan Craise

I. Gedanken zum Umgang mit Geld

1. Die Werbung

Werbung im Fernsehen, im Radio, im Internet oder in Zeitschriften versucht uns zum Kauf des jeweils ‚besten‘, ‚aktuellsten‘, ‚angesagtesten‘, in jedem Fall des jetzt ‚absolut für uns notwendigen‘ Produktes, zu überzeugen.

Das Lustige daran ist, dass man, bevor man die Werbung sah, gar nicht wusste, dass man dieses Produkt braucht.

Vielleicht ging es Ihnen auch schon einmal so, dass Sie am Samstagmorgen in die Stadt fuhren, froh gelaunt und mit sich zufrieden. Dann sahen Sie die Werbung für ein neues Auto und schon dachten Sie: „Stimmt, mein alter Wagen wird es nicht mehr lange tun" oder „Oh, der ist auch schön, der würde gut zu mir passen ..."

So funktioniert Werbung, sie weckt Bedürfnisse, die wir eigentlich gar nicht haben. Denn als Sie aus dem Haus gingen, hatten Sie noch gar nicht den Wunsch, sich nach einem neuen Wagen umzuschauen.

Das Muster ist immer das gleiche, Werbung macht aus zufriedenen Menschen unzufriedene Menschen, die erst dann wieder ruhig schlafen können, wenn sie das beworbene Produkt gekauft haben.

Es gibt Leute, die sagen, dass wir immer genügend Geld hätten, wenn wir nur das kaufen würden, was wir wirklich brauchen.

Achten Sie doch einmal bewusst darauf, was Werbung mit Ihnen tut, bzw. wie viel Einfluss - und damit Macht - Sie der Werbung über Ihr Leben geben.

Im Übrigen ist es doch so, dass Werbung nur selten hält, was sie verspricht. Die Schokolade essenden Werbegestalten sind durchweg schlank! Warum werde ich davon dann immer so breit?

Oder ist wirklich nur der Mann ein guter Familienvater, der seine Kinder im Auto der Marke xy sicher ans Ziel bringt?

Was ist mit der Mutter, die erst dann ein gutes Gewissen haben kann, wenn sie wirklich auch die letzte Bakterie in ihrem Haushalt abgetötet hat, damit der kleine Bub auch bestimmt keimfrei aufwachsen kann?

Was ist mit all denen von uns, die früher im Sandkasten gegessen haben? Die Bakterien dort haben uns jedenfalls nicht umgebracht!

Damit Sie mich nicht falsch verstehen, ich habe nichts gegen Werbung. Ich mag Werbung, denn man kann viel dabei lernen. Aber ich glaube ihr nicht mehr, und ich versuche sie wie durch einen Filter zu betrachten. Und wenn ich plötzlich ungeahnte ‚Kaufgelüste' empfinde, dann versuche ich mich zu fragen, ob ich dieses Ding jetzt möchte, weil ich es wirklich benötige oder ob ich es nur irgendwo als Werbung unterbewusst wahrgenommen habe.

Der Versuch besteht darin, achtsam und aufmerksam zu sein, und selbst die Entscheidungen zu treffen, was wann angeschafft wird und das nicht der allmächtigen und überall präsenten Werbung zu überlassen.

2. Die Erziehung

Ja, was fällt Ihnen zu Ihrer Erziehung zum Punkt Finanzen ein? Hatten Ihre Eltern immer genügend Geld oder gab es deshalb öfters mal Reibereien?

Wir alle wissen, dass die Erziehung, die wir bekamen (oder in manchen Fällen erdulden mussten), einen großen Einfluss auf unser weiteres Leben als Erwachsener hat.

Kamen Ihre Eltern also immer prächtig mit dem Geld aus, können Sie sich eigentlich nur beglückwünschen. Sie haben es ja vorgemacht bekommen, wie es richtig geht.

Wenn aber zuhause ständig Ebbe in der Kasse war und keiner so richtig wusste, wie man das ändern kann, liegt es nahe, dass Sie ähnliche Probleme bekommen, wenn Sie selbst einmal für Ihr Geld verantwortlich sind.

Wir lernen als Kinder durch die Macht des Vorbildes mehr als durch alle Vorträge dieser Welt. Machen wir uns also bewusst, dass unsere Eltern zwar ihre bestimmte Art hatten, mit Geld umzugehen, dass wir uns aber ganz andere Gewohnheiten aneignen können.

Eine Gewohnheit ist einfach eine gedankliche Rille, die man sich selbst geschliffen hat. Deshalb ist es ja so schwer aus ihr heraus zu kommen. Aber es geht und Sie werden sehen, es ist gar nicht so unangenehm, sich neue, bessere, einfach sinnvollere Gewohnheiten anzueignen. Aber dazu später mehr...

3. Das Unterbewusstsein

Das Unterbewusstsein ist der große Speicher all dessen, was wir erlebt, gefühlt und erfahren haben. Das Unterbewusstsein steuert unsere Handlungen weit mehr, als allgemein angenommen wird. [1]

Normalerweise gehen wir davon aus, dass wir unsere Entscheidungen bewusst, also aus und mit dem Verstand treffen. Aber das Gegenteil ist der Fall. Viele Verhaltensforscher gehen heute davon aus, dass 80 % aller Entscheidungen im Unterbewusstsein getroffen werden.

Haben Sie auch Bereiche in Ihrem Leben, in denen es Ihnen einfach nicht gelingen will, auf einen grünen Zweig zu kommen? Überlegen Sie einmal, was die Ursache sein könnte und gehen Sie dabei von der Tatsache aus, dass es etwas mit Ihnen zu tun hat. Wenn der Grund in Ihnen liege würde, was könnte es dann sein?

Ein Beispiel:

Die Tochter hört als kleines Mädchen von ihrer Mutter oder einer anderen Person ihres Vertrauens: „Männer sind alle Vagabunden. Keiner ist wirklich treu." Die Tochter nimmt diese Botschaft und speichert sie in ihrem Unbewussten ab. Später als Teenager wird sie von ihrem Freund sitzengelassen. Aha, denkt oder besser gesagt fühlt die Tochter, meine Mutter hatte Recht. Und die Botschaft verfestigt sich.

Wie eine Beziehung funktioniert, bei der einer oder eine immer davon ausgeht, dass es sich bei dem Partner um eine treulose Tomate handelt, kann man sich leicht vorstellen.

Diese Art von Botschaften gibt es sehr häufig. Oft sind es Personen unseres Vertrauens oder Menschen wie Lehrer, Ausbilder etc., von denen solch eine Meinung stammt. Anbei einige Beispiele dafür, wie sich Meinungen und Äußerungen von anderen auf uns übertragen:

- Der Vater zum Sohn: „Du bist doch zu blöd zu allem, aus dir wird nie etwas werden."

- Der Meister zum Lehrling: „Mit ehrlicher Arbeit bringt man es nicht weit."

-
- Der Onkel zum kleinen Neffen: „Der Ehrliche ist doch immer der Dumme."

Sie merken schon, wenn sich diese Gedanken in uns festsetzen, weil wir sie als wahr akzeptieren, können sie einem das Leben ganz schön schwer machen.

Meistens werden diese Meinungen nicht mehr hinterfragt, sondern begleiten uns ein Leben lang. Was kann man tun, um hinter seine eigenen blockierenden Programmierungen zu kommen?

- Einfach zunächst einmal schriftlich festhalten, in welchen Bereichen es gar nicht gut läuft.

- Dann dahinter notieren, wer mir zu diesem Thema schon alles etwas gesagt hat. Vielleicht fällt es Ihnen ja auf Anhieb ein, woher die Botschaft stammt.

Eine andere sehr wirkungsvolle Methode[3] ist das Sprechen von Suggestionsformeln. Hier redet man sich selbst so lange das gewünschte Ergebnis ein, bis das Unterbewusstsein quasi umprogrammiert ist. Schon die alten Ägypter nutzten diese Methode beim so genannten Tempelschlaf[2].

Achten Sie dabei darauf, dass eine Suggestion stets positiv formuliert ist. Das Unterbewusstsein kann eine Verneinung nicht verstehen. Es macht also keinen Sinn, sich immer wieder zu sagen: „Ich bin nicht krank, ich bin nicht krank, ich bin nicht krank", denn hängen bleiben würde das Wort „krank". Sagen Sie stattdessen: „Ich bin gesund, ich fühle mich gut, mir geht es immer besser und besser."

Einige Suggestionsformeln als Beispiel:

- Ich fühle mich jeden Tag und in jeder Hinsicht immer besser und besser. (Emile Coue) [3]

- Ich lebe mit jedem, den ich kenne, in Harmonie und Ausgeglichenheit.

- Je mehr Liebe ich verbreite und gebe, desto mehr habe ich zu geben.

- Ich mag mich; deshalb habe ich eine Arbeitsstelle, die mir wirklich Spaß macht, eine, die meine kreativen Begabungen und Fähigkeiten fordert. Ich arbeite für und mit Menschen, die ich mag und die mich mögen, und ich verdiene ein gutes Gehalt.

- Ich behandle den anderen so, wie ich wünsche von ihm behandelt zu werden.

- Ich bin reich.

- Ich bin immer zur richtigen Zeit am richtigen Ort.

- Ich tue erfolgreich genau das Richtige.

- Ich kann so wohlhabend werden, wie ich möchte.

Sie merken vielleicht, dass einige der Bejahungen Ihnen leichter fallen als andere. Meist liegen die Blockaden bei den Sätzen, die wir kaum über die Lippen bringen.

Zum Schluss sei noch angemerkt, dass es unendlich viele Ärzte, Heilpraktiker, Psychologen oder andere Berufsgruppen gibt, die hier Heilung und Besserung anbieten.

Ich persönlich glaube, dass es keine Methode gibt, die für alle richtig ist. Auch die oben angeführten Beispiele sind bestimmt nur ein Anfang. Wenn Sie das Gefühl haben, selbst nicht weiter zu kommen, suchen Sie sich eine Person, die Ihnen sympathisch ist und die eine vernünftige Ausbildung vorweisen kann. Lassen Sie sich einfach von Ihrer inneren Stimme leiten und achten Sie darauf, dass es bezahlbar ist...

4. Meine Umwelt

„Zeige mir mit wem du zusammen bist und ich sage dir, wer du bist" oder auch „Vögel gleichen Gefieders fliegen zusammen".

Von den Kindern her wissen Sie wahrscheinlich schon, wie wichtig der Umgang ist, den sie haben. Wenn Ihre Kinder mit Freunden zusammen sind, die ein geordnetes Zuhause haben, in dem man sich um sie kümmert und wenn auf Umgangsformen, Anstand und Respekt viel Wert gelegt wird, so haben Sie selbst es viel leichter mit Ihren Sprösslingen, als wenn deren Freunde nur Alkohol, Zigaretten und „Dummherumreden" oder sogar Schlimmeres im Kopf haben.

Genau wie den Kindern geht es uns aber auch. Wenn wir zuviel mit negativ denkenden Menschen zusammen sind, werden wir selbst eine immer weniger positive Lebenseinstellung haben.

Sind wir – um wieder auf das Thema Geld zu kommen – mit lauter Menschen zusammen, die immer alles ausgeben, so werden wir einfach mitgerissen. Sind wir mit Menschen zusammen, die ihr Geld zusammenhalten, so fällt es uns bestimmt auch leichter, einmal etwas nicht zu kaufen.

Daher gilt meist für Finanzen: „Wer Geld nicht schätzt, hat keines." Gehen Sie doch mal Ihre Bekannten, Arbeitskollegen oder auch Verwandten durch. Schätzen sie Geld? Gehen sie sorgsam damit um? Haben sie selbst viele Bekannte, die Geld einfach zum Fenster heraus werfen und sich ständig Dinge kaufen, die eigentlich kein Mensch braucht?

Im letzten Fall hilft nur, sich einen neuen Bekanntenkreis zu suchen. Gut, bei der Verwandtschaft ist das zugegebenermaßen schwieriger, aber auch hier lassen sich Kontakte einschränken. Machen Sie sich bewusst, dass es Ihre Entscheidung ist[4], mit wem Sie wann und wie oft zusammen sind. Suchen Sie sich Menschen, die schon da sind, wo Sie hin wollen und pflegen Sie diese Beziehungen. Ein guter Gradmesser für eine sinnvolle Beziehung ist übrigens die Frage: „Geht es Ihnen nach dem Treffen mit ihm oder ihr besser oder schlechter als vorher?"

5. Etwas Besinnliches – oder auch dankbar sein!

Schätzen wir eigentlich noch, was wir bereits haben, oder geht es uns einfach schon viel zu gut?

Von den Menschen, die wie ich nach 1950 in Deutschland geboren wurden, kennen wohl nur noch wenige noch ganz bittere Armut.

Heute scheint so vieles selbstverständlich zu sein. Gerade bei Kindern und Jugendlichen beobachtet man das immer wieder. Aber auch wir Erwachsene werden immer mehr zu Weicheiern, die bei jeder Kleinigkeit anfangen zu lamentieren und mit dem Leben zu hadern. Da ist die Unzufriedenheit oft schon spürbar, wenn die Klamotten nicht vom richtigen Hersteller stammen.

Dinge mit denen WIR unzufrieden sind, würden die meisten Menschen auf der Welt bereits glücklich machen!

Wenn Sie das Gefühl haben, dass sich bei Ihnen und/oder Ihrer Familie die Unzufriedenheit breit macht, sollten Sie handeln. Holen Sie sich Ihren Gemütsfrieden wieder. Und anstatt diesen noch weiter im Konsum zu suchen, testen Sie doch mal etwas ganz anderes.

So werden wir ganz schnell wieder dankbar und zufrieden:

- stellen Sie im Winter einmal für drei Tage das warme Wasser in Ihrer Wohnung ab
- kochen Sie mal drei Tage hintereinander nur Kartoffeln ohne Beilagen oder Soße für sich und die ganze Familie

- lassen Sie Ihr Auto doch einmal eine Woche in der Garage und gehen Sie zu Fuß

- schlafen Sie im Winter mal drei Tage bei offenem Fenster

- Verbringen Sie Ihren nächsten Urlaub einmal, indem Sie 14 Tage auf einem alten Pilgerweg wandern

- stellen Sie die Heizung im Winter einmal für eine Woche auf 16 Grad herunter

- für ganz harte Naturen: Leben Sie einmal drei Tage nur mit einem Messer und einem Schlafsack im nächstgelegenen Wald

Glauben Sie, dass sei nicht normal? Jetzt spinnt der Autor? Gut, dass kann man so sehen – muss man aber nicht. Bitte lesen Sie jetzt einfach weiter:

Falls du heute Morgen aufgewacht bist und hast keine unheilbaren körperlichen Krankheiten, bist du glücklicher als 1 Millionen Menschen, welche die nächste Woche nicht erleben werden.

Falls du nie einen Kampf des Krieges erlebt hast, nie die Einsamkeit durch Gefangenschaft, die Agonie des Gequälten oder Hunger gespürt hast, dann bist du glücklicher als 500 Millionen Menschen in der Welt.

Falls du in eine Kirche gehen kannst ohne die Angst, dass dir gedroht wird, dass man dich verhaftet oder dich umbringt, bist du glücklicher als 3 Milliarden Menschen der Welt.

Falls sich in deinem Kühlschrank Essen befindet, du angezogen bist, ein Dach über dem Kopf hast und ein Bett zum hinlegen, bist du reicher als 75 Prozent der Einwohner dieser Welt.

Falls du ein Konto bei der Bank hast, etwas Geld im Porte-

monnaie und etwas Kleingeld in einer kleinen Schachtel, gehörst du zu 8 Prozent der wohlhabenden Menschen auf dieser
Welt.

Falls du diese Nachricht liest, bist du doppelt gesegnet worden, denn:

1. jemand hat an dich gedacht um dir Mut zu machen und

2. du gehörst nicht zu den 2 Milliarden Menschen, die nicht
   lesen können.

gefunden im Internet von
Eli (Michaela Matthes)

Vielleicht fragen Sie sich jetzt, was gut mit seinem Geld auskommen mit Dankbarkeit und Zufriedenheit zu tun hat.

Nun, ich bin der festen Überzeugung, dass nur derjenige dauerhaft zu Wohlstand kommen kann, und dabei in seinem Herzen zufrieden bleibt, der das schätzt, was er schon hat.

Es gehört wohl zu den schlimmsten Dingen im Leben, wenn
man mit (sich selbst) unzufriedenen Menschen zusammen
lebt, die nicht daran glauben, dass sie in ihrem Leben etwas
verbessern können.

Wer oft versucht ist, negativ über sich selbst oder seine Fähigkeiten zu denken, sollte sich den folgenden Grundsatz vor
Augen halten:

„Jeder kann morgen etwas sein, was er heute noch nicht ist"

II. Tipps, die sich bewährt haben

Wie geht es nun aber richtig? Was gilt es zu tun, was zu vermeiden, damit der Umgang mit dem eigenen Geld einfacher und besser funktioniert?

Die nachfolgenden Tipps haben sich in der Praxis bewährt und sind leicht umsetzbar.

1. Am falschen Ende gespart?

Oft versucht man am falschen Ende zu sparen. Man kündigt z.B. Versicherungen wie Haftpflicht, Unfall, Hausrat oder Risikolebensversicherungen um dadurch mehr Geld für den Konsum zu haben. Das ist natürlich weniger sinnvoll, denn wenn dann etwas passiert, steht man völlig ohne ausreichende Mittel dar.

Prüfen Sie deshalb, ob Sie alle notwendigen Versicherungen haben. Denken Sie auch daran, dass es durchaus sinnvoll sein kann, alle Verträge bei einem Berater abzuschließen, da es unter Umständen Kundenrabatt gibt, wenn man bei einem Berater mehrere Verträge hat. Meist gewähren die Gesellschaften hier zwischen 10 und 20 % Nachlass.

Bei Versicherungsgesellschaften abzuschließen, die keinen Außendienst unterhalten (und dadurch keine Provisionen bezahlen müssen) ist nur dann sinnvoll, wenn Sie sich selbst gut auskennen. Ansonsten haben Sie zwar günstige Prämien, aber im Schadensfall jede Menge Ärger.

Hier muss also jeder selbst abwägen. Wichtig erscheint mir, dass Sie dem Berater vertrauen und er wirklich qualifiziert ist.

2. Unterzeichnung von Verträgen?

Schließen Sie alle Verträge wie Kreditverträge, Versicherungen, Bausparverträge oder Kaufverträge nur zusammen mit Ihrem Lebenspartner ab. Es tut ganz gut, wenn der eine den anderen auch mal bremsen kann. Außerdem wissen dann beide Partner genau, was wo abgeschlossen wurde.

Ein weiterer wichtiger Hinweis ist: Vor jeder Unterschrift eine Nacht darüber schlafen. So beruhigt sich das Gefühl und der Verstand hat die Chance auch etwas dazu zu sagen.

Alle guten Berater und Verkäufer werden Ihnen die Möglichkeit geben, Ihre Entscheidung zu überdenken. Auch gegen eine Woche Bedenkzeit spricht nichts. Allerdings sollten Sie nach der vereinbarten Zeit auch zu einer Entscheidung kommen. Sonst werden Ihnen die Verkäufer weiterhin die Türe einrennen und die guten Berater werden sich von Ihnen abwenden.

3. Wie bildet man sinnvoll Rücklagen?

Die meisten Menschen betrachten Ihr Nettoeinkommen und geben es aus. Machen Sie es anders: geben Sie stets nur 90% von dem aus, was Sie netto verdienen.

Wenn Ihnen das jetzt nicht gelingt, weil Sie bereits 100 % Ihres Nettoeinkommens verplant haben, müssen Sie sich in kleinen Schritten soweit verbessern, dass Sie es schließlich schaffen, mit 90 % Ihres Nettoeinkommens alle Ihre Kosten zu decken. Den einen oder anderen Tipp finden Sie bestimmt schon innerhalb der nächsten Seiten.

Aber stellen Sie sich vor, Sie würden bereits als Auszubildender von Ihren vielleicht 300 Euro Verdienst einfach nur 270 Euro verplanen und die restlichen 30 Euro sparen. Bei jeder Gehaltserhöhung machen Sie es genauso, immer nur 90% ausgeben. Irgendwann verdienen Sie z.B. 4.000 Euro und haben einen Sparbetrag von 400 Euro, der Sie überhaupt nicht stört, weil Sie das Geld ja niemals zur Verfügung hatten.

So einfach meinen Sie geht es nicht? Doch, so geht es. Versuchen Sie es einmal und Sie werden merken, was es für ein schönes Gefühl ist, ständig etwas auf die hohe Kante legen zu können.

Ein tolles Buch zum Thema ist übrigens „Der reichste Mann von Babylon" von George Samuel Clason, Antoinette Gittinger (Übersetzer).

Sie finden weitere Bücher zum Thema „Geld und reich werden" auf der Internetseite http://www.mein-finanzbrief.de

4. Unnütze Ausgaben kommen meist in kleinen Schritten!

Meistens sind es nicht die großen Ausgaben, die uns arm machen, sondern die vielen Kleinigkeiten, die sich einfach am Monatsende summieren.

Mir fallen dazu die wahnsinnig wichtigen Handygespräche ein, die z.B. im Supermarkt stattfinden. Ich habe es selbst erlebt, dass sich ein Mann (weil er sich wohl unsicher war, welche Käsesorte er kaufen sollte) geschlagene fünf Minuten mit seiner Partnerin per Handy unterhalten hat, welche Käsesorte er nun mitbringen soll. Man, dachte ich, muss der reich sein...

Oder die Gespräche am Handy mit dem Inhalt: „Du Schatz, ich bin jetzt gleich da. Ich fahre schon um den Block und suche noch einen Parkplatz" – na ja, um einen eventuellen Liebhaber zu warnen mag das ja eine sinnvolle Strategie sein, aber um wohlhabend zu werden?

Immer mehr Menschen kaufen an Tankstellen ein und verschwenden dort wahre Reichtümer, weil dort naturgemäß alles doppelt so teuer ist. Man zahlt für ganz normale Alltagsgüter horrende Preise. Wenn Ihr Supermarkt solche Preise hätte, würden Sie auf die Barrikaden gehen. An der Tankstelle wird das Geld freiwillig „geopfert". Also: Kein Einkaufen mehr an der Tankstelle... nie wieder, auch nicht wenn ich etwas dringend brauche? NEIN!

Wenn das Geld knapp ist, sollte man auch häufige Restaurantbesuche meiden und besser zu Hause kochen. Das ist meist auch viel lustiger und Sie können sich alles selbst frisch einkaufen. Seit der Einführung des Euro kann man in Deutschland eigentlich fast nicht mehr essen gehen, die Preise haben einfach abgehoben. Mancher Pizzabringdienst dagegen hat nach wie vor die gleichen Preise.

Vergleichen Sie also bewusst und denken Sie daran, Sie können zum Essen gehen ... aber Sie müssen nicht!

5. Sonderangebote und Schnäppchen?

Ist Ihnen schon einmal aufgefallen, dass es kaum noch Waren und Dienstleistungen zu regulären Preisen gibt? Kaum ein Händler sagt zu seinem Kunden: „Lieber Kunde, ich möchte ja, dass Sie bei uns Kunde sind, aber das ist mein Preis, den habe ich so kalkuliert. Wenn ich es günstiger machen würde, ginge das zu Lasten der Qualität und das möchte ich nicht."

Stattdessen werden Sonderangebote gestrickt auf „Teufel komm heraus". Eigentlich müsste ja schon klar sein, dass die meisten Sonderangebote eine besondere Kalkulation bekommen haben.

Das Motto dabei ist: vorher 30 % auf den Preis aufrechnen um danach 25 % abzuziehen. Oder die Ware wird (wie oft für Schlussverkäufe) extra zu diesem Zweck und billigst produziert.

Wichtig ist also nun, mit diesen Sonderangeboten und Schnäppchen richtig umzugehen, damit man sich nicht verrückt macht.

Deshalb gilt zunächst einmal:

- Kaufen Sie nie etwas, nur weil es im Sonderangebot ist!
- Kaufen Sie nichts auf Vorrat!
- Kaufen Sie heute nur das, was Sie heute wirklich brauchen!

Sie können sich auch vor dem Kauf noch fragen:

- Habe ich nicht bereits so etwas Ähnliches?
- Gäbe es auch eine günstigere Alternative?
- Was geschieht, wenn ich es einfach gar nicht kaufe?
- Könnte ich mir das Produkt auch bei jemandem ausleihen?
- Könnte ich es als Dienstleistung vergeben und mir dadurch die Anschaffung einer Maschine oder eines Gerätes sparen?

Wenn Sie nach all diesen Überlegungen zu dem Schluss gekommen sind, dass sich der Kauf nicht vermeiden lässt, dann kaufen Sie Qualität! Denn wenn das, was Sie gekauft haben, seinen Dienst nicht erfüllt, dann müssen Sie es noch einmal kaufen und zwar das Qualitätsprodukt und dadurch bezahlen Sie den doppelten Preis.

Es gibt den schönen Satz: Wir sind zu arm, um Schund zu kaufen. Wir können uns nur Qualität leisten. Da ist wahrhaftig etwas dran.

Also noch einmal der Ablauf für alle Käufe, die Sie machen:

Brauchen Sie es wirklich?

- wenn nein, vergessen Sie es, egal zu welchem Preis man es Ihnen anbietet. Es steht sowieso nur unbenutzt herum.
- wenn ja, kaufen Sie ein Qualitätsprodukt.
- wenn Sie ein Qualitätsprodukt gefunden haben, DANN vergleichen Sie die Preise.

6. Preisvergleiche, aber wie?

Sie haben also ein Produkt herausgesucht, das Ihnen gefällt und das auch qualitativ in Ordnung ist. Wie kommen Sie jetzt zu einem günstigen Angebot?

Tipp: Eine gute Möglichkeit das passende Produkt zu finden, ist das Internet und seine Datenbanken. Gute Erfahrungen habe ich mit der Datenbank und den Testberichten der Stiftung Warentest gemacht. Zwar sollte man auch dort nicht alles unbesehen glauben, aber es gibt schon eine Menge Tipps, vor allem in Bereichen, in denen man sich nicht so gut auskennt.

Bevor Sie einen Preisvergleich machen, überlegen Sie sich, ob es Ihre Zeit wert ist. Es macht keinen Sinn, zwei Stunden zu suchen um nachher 1,30 Euro einzusparen. Rechnen Sie sich den „Stundenlohn" aus, den Sie brauchen und wenn der für Sie herauskommen kann, dann legen Sie los.

Nun, was den Preis angeht, da fange ich meist im Internet an zu suchen. Es gibt mittlerweile hervorragende Preisauskünfte und auch schon Computerprogramme, die einem die Preisfindung erleichtern.

Dabei ist es manchmal schon erstaunlich, wie Preise voneinander abweichen können. Ein Beispiel war unsere Waschmaschine, die in 600 km Entfernung bestellt, geliefert und angeschlossen satte 30 % billiger war, als beim Händler vor Ort. Und vergessen Sie den Kundendienst, der kommt sowieso von der Firma des Herstellers und nicht vom örtlichen Händler. Oder der Drucker für den Computer, aber auch die Winterreifen, es gibt fast nichts, was man nicht kurz vor dem Kauf durch diese Preisvergleiche überprüfen lassen kann.

Vorsicht bei Preisagenturen, dort fallen unter Umständen hohe Gebühren an. Die meine ich hier nicht. Ich meine freie Preisvergleiche und Computerprogramme, die genau dieselben Produkte miteinander im Preis vergleichen. Preisagenturen

arbeiten nach einem anderen Prinzip, darüber können Sie sich
ja einmal auf www.google.de informieren.

7. Tipps für den Einkauf

So, Sie haben jetzt die Gewissheit, dass Sie das von Ihnen
gewünschte Produkt wirklich brauchen, Sie haben sich bezüg-
lich Qualität informiert und ein oder zwei Geräte in die engere
Auswahl genommen. Danach haben Sie sich im Internet nach
den Preisen erkundigt und waren vielleicht auch schon auf der
Webseite des Herstellers um sich sozusagen beim Produzen-
ten zu informieren.

Jetzt wäre mein nächster Gang zum örtlichen Händler. Zum
einen, weil ich am liebsten vor Ort kaufe, zum anderen denke
ich auch, dass es den Einzelhändlern (die meist einen klasse
Service bieten) wirklich zusteht, das Geschäft zu machen.

Für all Ihre Verhandlungen gilt nun:

- Bleiben Sie höflich und freundlich
- Seien Sie gut und angemessen gekleidet
- Sprechen Sie den Verkäufer mit seinem Namen an
- Verhandeln Sie mit dem Chef
- Kaufen Sie ohne Zeitdruck
- Seien Sie Stammkunde
- Bevorzugen Sie ruhige Tage und Stunden für Ihren Ein-
  kauf
- Sagen Sie klar was Sie möchten
- Den von Ihnen gewünschten Preis nicht voreilig nennen
- Bieten Sie Barzahlung an
- Wenn Sie weiter in diesem Laden einkaufen möchten,
  können Sie diese weiteren Einkäufe in Aussicht stellen

Wie gesagt, am liebsten kaufe ich beim örtlichen Händler.
Aber der Preis muss irgendwie realistisch sein. Wenn ich etwas im Internet für 250 Euro bekomme und bei meinen Händ-

ler 270 Euro bezahlen muss, würde ich es wahrscheinlich beim Händler vor Ort kaufen. Dort haben Sie und ich bessere Garantieleistungen und wir brauchen auch keine Versandkosten zu bezahlen. Die Versandkosten müssen Sie übrigens bei allen Bestellungen im Internet dazu rechen.

Wenn aber wie im Fall der Waschmaschine der Händler vor Ort 1.000 Euro verlangt und Sie im Internet für 690 Euro inklusive Versand und Aufstellung geliefert wird, dann kann ich nur sagen: „Tut mir echt Leid für den örtlichen Händler, aber wir als Kunden müssen unser Geld ja auch irgendwie zusammen halten."

Sie sehen also, es gibt wenig pauschale Regeln. Und das ist auch richtig so. Wenn einkaufen so leicht wäre, würde es ja jeder richtig machen. Aber ich denke, man kann es relativ schnell erlernen. Und wer es kann, dessen Geld bleibt auf der Bank.

8. Was kauft man wann?

Nicht alle Produkte sollte man immer kaufen. Ein einfaches Beispiel ist Brennholz für den Kamin. Wer das im Spätherbst kauft, zahlt mit Sicherheit einen höheren Preis dafür als im Frühsommer, wenn kein Mensch an den nächsten Winter denkt.

Machen Sie sich doch selbst einmal eine Aufstellung, wann Sie welches Produkt am besten kaufen können. Diese Aufstellung können Sie dann beliebig erweitern und sich von Jahr zu Jahr danach richten. Hier einmal ein kleiner Anfang:

Im Januar: Autos, Motorräder, Motorroller, Fahrräder, Möbel, Fotoapparate und -zubehör, Werkzeug, Sport- und Campingartikel, Winterbekleidung und Schuhe, Uhren und Schmuck

Im Februar: Fotos und Videos, Sommerreifen, Feinkeramik und Glaswaren, Wintersportbekleidung und -geräte

Im März: Computer und Zubehör, Winterreifen, Musikinstrumente

Im April: Gebrauchtwagen, Rundfunk- und Fernsehgeräte

Im Mai: Bau- und Gartenmarkt, Bettwaren

Im Juni: Haushaltsgeräte, Küchen, Holz für den Kamin, Haushaltsgroßgeräte und Kosmetik, Lederwaren

Im Juli: Sommerbekleidung und Schuhe, Möbel

Im August: HiFi – Branche, Spielzeugsonderangebote für Weihnachten, Gartenmöbel, Sport- und Campingartikel

Im September: Fahrräder, Neuwagen, Winterreifen, Fotoapparate und -zubehör, Bodenbeläge, Spielwaren
Im Oktober: Cabrios, Wohnmobile, Wohnwagen

Im November: Gartengrill, Gartenartikel, Rasenmäher, Motorräder

Im Dezember: Weihnachtsgeschenke erst drei Tage vorher kaufen, Klimatechnik, Sicherheitstechnik

Voraussetzung für vorausschauende Einkäufe ist eine gute Geldplanung, Überblick über die Bedürfnisse und ein kritisches Urteilsvermögen, was wirklich gebraucht wird.

Wenn die Kasse knapp ist, ist es nur wie ein kurzer wohliger Schauer, wenn Sie mit den letzten eigentlich für sinnvollere Dinge nötigen Euros, noch ein stylisches Konsumteil kaufen, um die eigentliche missliche finanzielle Situation kurzzeitig zu verdrängen.

Reduzieren Sie Ihren Gelddurchfluss auf die Menge, die Ihnen noch erlaubt, Rücklagen und Beträge für geplante Anschaffungen zu bilden, damit Sie überhaupt in der Lage sind, zuzugreifen, wenn es gute und benötigte Angebote gibt.

Dadurch kommen Sie in die Lage stolz auf die eigene Selbstdisziplin sein zu können auf etwas hinzusparen und Vorfreude auf den Kauf entwickelt zu können. Konsumkredite bedeuten nur, Dinge teuer abzubezahlen, für die man vorher nicht gespart und zu schnell gekauft hat.

Fertigen Sie also in entspannter Haltung eine Liste all der Konsumgüter an, die Ihr Haushalt benötigt. Überlegen Sie im Voraus wann Sie was kaufen können und möchten.

Es lohnt sich, eine gute Konsumplanung und eine gute Geldplanung in seinen Alltag zu integrieren.

9. Ein Geheimrezept für das Haushaltsgeld?

Für alle, die ihr Haushaltsgeld immer dann von der Bank holen, wenn Sie etwas brauchen, hier der ultimative Tipp:

Legen Sie zunächst die Summe fest, die Sie pro Monat für Essen, Trinken, Reinigungsmittel etc. brauchen. Diesen Betrag sollten Sie nicht zu knapp bemessen. Meist haben die Frauen dabei das viel bessere Gefühl als Männer. Also liebe Männer: Hört auf eure Frauen (natürlich nicht nur bei diesem Thema)!

Holen Sie dann Ihr Haushaltsgeld einmal pro Monat als gesamten Betrag von der Bank und teilen Sie diesen Betrag in vier gleiche Teile. Nun nehmen Sie vier Briefumschläge und beschriften diese mit Woche1, Woche2, Woche3 und Woche4. Jetzt bestimmen Sie den Tag in der Woche, an dem Sie den Wochenumschlag jeweils öffnen - und halten Sie sich daran.

Dieser Betrag steht Ihnen pro Woche zur Verfügung. Sie holen kein weiteres Geld von der Bank. Sie werden sehen, nach anfänglichem Rucken kommen Sie damit sehr gut zurecht.

Wir machen das heute noch so, und es bringt nicht nur einen geordneten Haushalt mit sich sondern auch viel Spaß. Wenn Sie noch zwei Tage der Woche übrig haben, der Umschlag aber leer ist, dann gibt's eben „nur" Kartoffeln mit Quark oder

Nudeln oder was immer Ihnen einfällt und/oder Ihr Kühlschrank noch hergibt.

Diese Methode ist übrigens auch für alle Kinder im Haushalt sehr heilsam. In Zeiten, in denen Designerklamotten schon bei 12-Jährigen angesagt sind, tut es ganz gut, wenn die Jungs und Mädels merken, dass Geld nicht auf den Bäumen wächst. Das gute Gefühl eines vollen Bauches schätzt der am ehesten, der mal ein paar Tage Hunger hatte. Und auch ein warmes Dach über dem Kopf ist für Millionen von Menschen auf dieser Welt keine Selbstverständlichkeit, sondern purer Luxus.

Sie merken schon, ich denke, es tut uns allen gut, uns bewusst zu machen, dass es uns eigentlich blendend geht. Auch oder gerade bei Pellkartoffeln mit Quark (schmeckt übrigens ganz lecker, es müssen nur noch ein paar Kräuter dazu ...)

10. Der Steuerberater

Wenn Sie einen Steuerberater haben, sollten Sie auch mit ihm reden. Und das nicht nur bei der jährlichen Abschlussbesprechung, denn da ist es meist zu spät. Pflegen Sie den Kontakt zu Ihrem steuerlichen Berater das ganze Jahr über.

Fragen Sie ruhig mal etwas nach und informieren Sie sich regelmäßig über Änderungen, die Sie betreffen könnten.

Was mir noch am Herzen liegt ist, dass Sie Ihren Steuerberater nicht zum Vergleich von Finanzprodukten missbrauchen. Hier sind die meisten deutlich überfordert.

Suchen Sie sich stattdessen lieber einen geeigneten Berater, der im Idealfall gut mit Ihrem Steuerberater auskommt. Am besten wäre es, Ihr Berater in Finanzfragen würde sich mit Ihrem Steuerberater zusammen einmal pro Jahr über Ihre Situation unterhalten. Das macht freilich nur dann Sinn, wenn Sie auch etwas haben, über das man reden kann.

11. Finanzangebote, von denen man die Finger lassen sollte!

Eigentlich ist es eine Selbstverständlichkeit, aber trotzdem sei noch einmal darauf hingewiesen, dass man von zweifelhaften Finanzangeboten besser die Finger lässt. Es mag schon sein, dass Ihnen dadurch das eine oder andere Schnäppchen entgeht, aber glauben Sie mir, die Chancen stehen 95:5 gegen Sie, dass Sie durch Angebote via Postwurfsendungen, Warentermingeschäfte oder Angebote per Telefon reich werden können.

Besonders die Telefonverkäufer, die Sie einfach so ohne ersichtlichen Grund und ohne Empfehlung von jemandem, den Sie kennen anrufen, haben meist ziemlich dubiose Angebote im Gepäck.

Sie sollten es sich sowieso am besten zur Regel machen, nur Geld in Dinge zu investieren, die Sie verstehen. Und damit scheidet eigentlich das meiste aus, was sowieso keinen Wert hat.

12. Freunden und Bekannten Geld leihen?

Hier gilt ganz einfach: Tun Sie es besser nicht. Es ist auch sehr fraglich, ob Sie ein wahrer Freund dazu auffordern wird, ihm etwas zu leihen. Er weiß doch auch, dass dies Spannungen in die Beziehung bringt.

Der eine bangt um die Rückzahlung, der andere hofft sehr darauf, immer pünktlich bezahlen zu können und irgendwie verkrampft sich die Beziehung dadurch.

Durch das Verleihen von Geld wurde schon manche gute Freundschaft zerstört und das muss einfach nicht sein. Sie können auch anders helfen, gehen Sie mit ihm zur Bank, denken Sie sich mit ihm gemeinsam Strategien und Wege aus, wie er es aus eigener Kraft schaffen kann. Aber machen Sie ihn oder sie nicht abhängig von sich, indem Sie ihm oder ihr etwas borgen.

13. Sparsamkeit oder Geiz?

Kennen Sie den Unterschied zwischen Sparsamkeit und Geiz? Sparsamkeit versucht mit den Möglichkeiten, die man hat, möglichst weit zu kommen und folgt dem Gesetz der Wirtschaftlichkeit.

Geiz hingegen ist zwanghaft und gönnt anderen Menschen nichts. Der Geizige ist besessen davon, nichts zu geben und verarmt so – zumindest geistig – immer mehr. Geiz kann auch körperlich wehtun. Es verkrampft sich alles im Magen, wenn man Geld ausgeben soll. Geiz bezieht sich meistens auf andere Menschen.

„Man muss gönnen können" wie ein Freund von mir immer wieder sagt. Also verwechseln Sie Sparsamkeit nicht mit Geiz. Laden Sie ruhig Bekannte einmal zum Essen (zu sich nach Hause) ein, oder spenden Sie einer Hilfsorganisation Ihrer Wahl etwas. Machen Sie Geschenke, wenn es angebracht ist und zeigen Sie Großmut in dem Rahmen, den Sie für richtig halten.

Sie werden bemerken, dass etwas zu schenken sehr zufrieden machen kann. Und nur was man auch wegschenken könnte, besitzt man wirklich.

14. Heute gönne ich mir etwas!

Damit der Weg zu Wohlstand auch Spaß macht, sollten Sie sich ab und zu auch mal etwas leisten. Es muss ja nicht immer gleich ein neues Auto sein.

Nehmen Sie sich bewusst vor, sich einmal etwas zu gönnen. Das können Sie zum Beispiel auch mit einer Selbstbelohnung verknüpfen. Zum Beispiel: „Wenn ich die Steuererklärung gemacht habe, dann gönne ich mir mal einen ganzen Tag in der Saunalandschaft" oder „Wenn ich das (...) fertig habe, gönne ich mir einen Besuch beim Friseur und anschließend eine Tasse Cappuccino mit meiner besten Freundin."

Belohnen Sie sich immer wieder mal mit Kleinigkeiten. Das ist wichtig und hebt die Stimmung ungemein. Vermeiden Sie es, auf Ihrem Weg zu Wohlstand verbissen zu werden. Wer verbissen kämpft, ist angespannt und das wird man Ihnen anmerken.

Also immer locker bleiben und sich ab und zu selbst belohnen!

15. Überziehungskredit beim Girokonto?

Wussten Sie, dass das gewinnbringendste Geschäft der Banken die Überziehungskredite sind?

Wer sein Gehaltskonto permanent um 5.000 Euro überzieht, zahlt bei 13 % Zinsen pro Jahr 650 Euro an seine Bank. Das Risiko der Bank hält sich dabei in engen Grenzen.

Oft wird bereits Jugendlichen in der Ausbildung ein Überziehungskredit eingeräumt. Das halte ich fast schon für unmoralisch. Aber es ist ja nicht die Aufgabe einer Bank, den Menschen beim guten Umgang mit ihrem Geld zu helfen, sondern möglichst viel vom Geld des Kunden in die eigenen Kassen zu scheffeln. Also müssen wir uns selbst bewusst machen, dass derjenige, der sein Konto immer auf einem Sollstand von 5.000 Euro halten kann, es doch auch immer auf einem Guthabenstand von 500 Euro halten können müsste.

Am besten vereinbaren Sie mit Ihrer Bank, den Dispokredit auf Ihrem Konto ganz zu streichen. Sie werden sich sehr bald daran gewöhnt haben, Ihr Konto einfach immer im Haben zu führen.

Und Sie haben nach 10 Jahren (bei 5 % Zins) eine Summe von 8.350 Euro mehr auf Ihrem Konto. Das entspricht nur dem Betrag, den Sie sonst in 10 Jahren an Überziehungszinsen an Ihre Bank bezahlt hätten.

Achten Sie aber bitte darauf, dass Versicherungsbeiträge immer von Ihrem Girokonto abgebucht werden können. Wenn diese nämlich nicht eingelöst werden können, gefährden Sie Ihren Versicherungsschutz.

16. Kreditkarten!

Ganz generell gehen einem wohl Zahlungen, die man mit Kreditkarten bezahlt leichter von der Hand, als wenn man die entsprechende Summe in bar hinlegen müsste.

Bei der Zahlung mit Kreditkarten handelt es sich wohl mehr um eine Gewohnheit und um Bequemlichkeit, als dass es sinnvoll ist. Ich selbst brauche meine Kreditkarte eigentlich nur für Bestellungen im Internet. Unterwegs habe ich sie schon gar nicht mehr dabei.

Geht nicht meinen Sie? Oh doch, geht schon ... es kann allerdings sein, dass man sich etwas umstellen muss. Versuchen Sie, sich anzugewöhnen, möglichst Bargeld mit sich zu führen.

Im Urlaub und bei größeren Beträgen mag es dafür sinnvolle Ausnahmen geben. Aber testen Sie einmal, ob Sie nicht einfach weniger Geld ausgeben, wenn Sie Ihre Kreditkarte zuhause lassen.

Außerdem sollte eine Kreditkarte in meinen Augen möglichst wenig kosten. Vergleichen Sie einmal die verschiedenen Anbieter, manche verzichten sogar ganz auf die teure Jahresgebühr, die Sie ja auch dann bezahlen müssen, wenn Sie die Karte gar nicht nutzen.

Wer bereits gut mit seinem Geld auskommt und seine Ausgaben im Griff hat, kann seine Kreditkarte natürlich weiterhin sinnvoll einsetzen.

17. Überflüssige Zahlungen!

Wenn Sie zum ersten Mal Ihren Finanzplan anlegen (im III. Kapitel) und dabei alle Kontoauszüge der letzten 12 Monate durchgehen, wird Ihnen vielleicht auffallen, dass Sie einige Zahlungen leisten, von denen Sie schon lange nichts mehr haben.

Da könnte z.B. der Sportverein sein, in den Sie bereits seit 3 Jahren nicht mehr gehen. Oder das Fitnessstudio, das Sie nur so sporadisch besuchen, dass sich eine 10-er Karte eher anbieten würde.

Oder die Versicherung, die Sie doppelt bezahlen. Oder den Pay-TV Kanal, oder die Mitgliedschaft in einem Bücherclub, oder, oder...

Schauen Sie deshalb beim Anlegen des Finanzplans die Kontoauszüge der letzten 12 Monate genau durch. Dann wissen Sie, wem Sie was und warum bezahlen. Und prüfen Sie jede Ausgabe darauf, ob Sie das heute auch noch so abschließen würden.

Wenn ja, ist es o.k. – wenn nicht, wird es baldmöglichst gekündigt.

18. Setzen Sie sich Limits!

Genauso wie Sie Ihr Haushaltsgeld in einem Betrag am Monatsersten von der Bank holen können, sollten Sie das auch mit Ausgabeposten, wie der Kleidung oder dem Taschengeld für sich tun.

Auch hier können Sie einfach Umschläge bilden, um sich an das selbst auferlegte Limit zu halten. Jeden Monat wandert ein bestimmter Betrag für Kleidung in den Umschlag. Wir machen es so, dass wir für Papa, Mama und pro Kind Umschläge mit dem Namen beschriftet haben.

Am Monatsanfang wird das Geld für Kleidung von der Bank geholt und in die Umschläge aufgeteilt. Wir holen übrigens jeden Monat den gleichen Betrag für Kleidung von der Bank. Wenn wir mal nichts kaufen, sammelt sich im Umschlag ein Guthaben an.

Genauso machen wir es mit dem Taschengeld, auch hier werden für alle Personen einfach Monatsumschläge gebildet.

19. Sparen oder Schulden abzahlen?

Es gibt Berater, die empfehlen, Geld anzusparen noch während man Schulden hat. Das kann man natürlich so machen, ich persönlich halte davon aber wenig.

Zunächst einmal sollte man sich vor Augen halten, dass der Zins für ein Darlehen meist wesentlich über dem liegt, den man auf der anderen Seite für sein Guthaben bekommen würde.

Es gibt Konstruktionen, die meist bei Geschäftsleuten durchaus auch wirtschaftlich Sinn machen können. Wer nämlich seine Schuldzinsen absetzen kann, und seine Guthabenzinsen nicht versteuern muss, für den kann es sinnvoll sein, neben den Schulden ein Guthaben aufzubauen.

Allerdings bleibt auch hier die Frage, ob es sich schuldenfrei nicht einfach leichter lebt und man das bessere Gefühl dabei hat.

Für Privatpersonen gilt aber in jedem Fall, solange ihre Schuldzinsen höher sind als ihre Guthabenzinsen, zahlen sie zunächst all ihre Darlehen ab, bevor sie anfangen, Geld auf die Seite zu sparen.

Fragen Sie doch einfach auf der Bank oder wo immer Sie Verbindlichkeiten haben nach, unter welchen Voraussetzungen Sie Ihre Darlehen vorzeitig ablösen können. Nehmen Sie sich dann Zeit zum Nachrechnen und prüfen Sie genau, was sinnvoller ist.

20. Geld für sich arbeiten lassen!

Sollen wir es glauben? Den größten Teil ihres Geldvermögens von 5,5 Billionen Euro haben die Deutschen nach wie vor in Spar-, Sicht- oder Termineinlagen bei Banken und Sparkassen angelegt oder als Bargeld verfügbar (Stand Ende 2016).

Es gibt so viel bessere Möglichkeiten als das Sparbuch. Sie können (vorsichtig) in Aktien investieren oder in offene Immobilienfonds, in Wertpapierfonds oder auch direkt in festverzinslichen Wertpapieren.

Entscheidend dabei sind meines Erachtens zwei Dinge:

a) Holen Sie Ihr Geld aus niedrig verzinslichen Anlagen heraus.

b) Erstellen Sie sich VOR Ihrer Anlageentscheidung eine RPA (Risikopotentialanalyse), damit die Anlagestrategie auch wirklich zu Ihnen passt.

Sollte Ihr Berater in Finanzfragen diese RPA nicht kennen, so können Sie sich diese unter http://www.mein-finanzbrief.de besorgen

21. Eigene vier Wände erwerben?

Für 80 % aller Deutschen ist der Erwerb von eigenen vier Wänden erstrebenswert. Aber ist er das auch unter wirtschaftlichen Gesichtspunkten?

Diese Frage kann niemals pauschal beantwortet werden. Sie hängt von vielen Faktoren ab. Dazu zählen z.b.: der Marktzins, Ihr Einkommen, Ihr Barkapital, Ihre derzeitige Miete, die Mietsteigerungen, der Kaufpreis der Immobilie, die Instandhaltungskosten und die Eigenheimzulage.

Ich denke, es gibt zwei Lager von Meinungen. Die einen möchten in jedem Fall in den eigenen vier Wänden wohnen. Und die anderen möchten es nur dann, wenn es auch wirtschaftlich sinnvoll ist.

Die Entscheidung muss letztendlich jeder selbst treffen. Eine Entscheidungshilfe „Kaufen oder Mieten" wurde bereits in Excel entwickelt und kann ebenfalls unter http://www.mein-finanzbrief.de bestellt werden.

22. Den Ruhestand finanziell absichern!

Im Alter finanziell abgesichert zu sein, wird sich zum Traum für viele entwickeln. Sie werden sehen, hier kommt es viel schlimmer, als wir alle es momentan aus den Medien erzählt bekommen.

Politiker können es sich nicht leisten, hier die Wahrheit zu sagen oder meinen zumindest, es sich nicht leisten zu können. Sonst wird die nächste Wahl gnadenlos verloren.

Dabei spielt es meiner Meinung nach auch überhaupt keine Rolle, welche Partei nun die leeren Kassen des sozialen Sicherungssystems in Deutschland verwaltet.

Wie sieht die Realität aus?

- die Menschen werden (zum Glück) immer älter
- was dazu führt, dass immer länger Rente für die Rentner bezahlt werden muss
- die Jungen kommen immer später in den Beruf
- was dazu führt, dass sie immer weniger Beiträge in die Rentenversicherung einzahlen

Dann gibt es noch eine Reihe von weiteren Belastungsfaktoren, wie der Tatsache, dass unsere ausländischen Mitbürger ihre Rente in ihrer Heimat ausgeben, was die deutsche Wirtschaft nun überhaupt nicht fördert, oder der Tatsache, dass wir mit der Wiedervereinigung Deutschlands Milliardenlöcher in die Rentenkasse gerissen haben.

Egal, es ist, wie es ist. Was können wir tun? Eigentlich nichts, außer möglichst schnell privat vorzusorgen. Wir müssen uns damit abfinden, dass die Renten- und Krankenversicherungsbeiträge immer weiter steigen, während die Leistungen ständig weiter sinken werden.

Da hilft kein Lamentieren und Nörgeln, kein Zorn oder Groll, da hilft nur eines: jetzt anfangen, in private Sparverträge zu investieren.

Übrigens wird sich das Renteneintrittsalter immer weiter nach hinten verlagern. Ich persönlich glaube nicht, dass ein heute 40-Jähriger vor 70 in den Ruhestand gehen wird. Wenn wir ihn erst einmal bis 85 arbeiten lassen, wird sich das Problem dann meist von alleine lösen.

Sie merken schon, ich bin hier sehr pessimistisch eingestellt... Ein Berechnungsmodul für Ihre Altersversorgung, welches ziemlich einfach und trotzdem genial ist, finden Sie unter http://www.mein-finanzbrief.de

23. Leasingverträge, eine sinnvolle Sache?

Leasingverträge sind absolut modern. Es gibt fast nichts, was man heute nicht leasen, also mieten kann. Besonders beliebt dürfte das Leasen von Autos sein. Nun, es gibt eine Reihe von Gründen, das nicht zu tun:

- Sie binden sich für eine feste Vertragslaufzeit an ein KFZ. Auch wenn es Ihnen nicht mehr gefällt und Sie gerne das Fahrzeug wechseln möchten, der Leasingvertrag „hängt Ihnen im Genick".
  Sie bekommen meist keinen Rabatt wie jemand der bar bezahlt.
- Sie produzieren feste Kosten, die Sie jeden Monat erneut an die Leasinggesellschaft bezahlen müssen.
- Es erfolgt immer eine Abrechnung zum Ende der Laufzeit, das bedeutet, Ihre monatlichen Zahlungen reichen unter Umständen nicht aus, und Sie müssen am Ende der Laufzeit noch einmal in die Tasche greifen.
- Sie müssen Ihr Auto teuer Vollkasko versichern.

All das steht dem gegenüber, einen Wagen zu kaufen, für den man auch das Geld hat. Aber da sind eben wieder die Verlockungen des Alltags... Man möchte halt auch ein so schönes Auto fahren wie der Nachbar oder die Vereinskameraden.

Wussten Sie eigentlich, dass die Privathaushalte in den USA gerade durch solche Leasing- und Konsumverträge ganz tief in die Schuldenfalle geraten sind? Der Durchschnittsbürger der Vereinigten Staaten von Amerika ist extrem hoch verschuldet. Und wir in Deutschland sind auf dem besten Weg, es ihm nachzumachen.

Konsum, Konsum, Konsum: Ich kaufe, also bin ich? (etwas wert?)

In diese Kategorie gehört auch immer das neueste Handy, die schicksten Klamotten und die tollste Wohnungseinrichtung haben zu müssen.

Ich finde, Sie können und sollen sich alles kaufen, was Ihnen gefällt, wenn Sie das Geld dazu haben. Wenn Sie es nicht haben und sich die Sachen nur mieten können, sollten Sie zugunsten Ihrer Zukunft darauf verzichten.

24. Fixkosten vermeiden!

Fixkosten sind immer wiederkehrende Kosten. Das Gegenteil davon sind einmalige Kosten. Leisten Sie sich zum Beispiel einen teuren Urlaub, so reißt dieser vielleicht ein Loch in Ihre Kasse. Sie machen den Urlaub, bezahlen ihn und sind fertig mit dem Thema. Wenn Sie nächstes Jahr das Geld für einen solch teuren Urlaub nicht mehr haben, machen Sie eben einen günstigeren.

Buchen Sie die Reisen dagegen auf Kredit, machen Sie die Reise und zahlen danach Monat für Monat einen Urlaub ab, der schon längst hinter Ihnen liegt. Mal abgesehen davon, dass in diesem Fall der Erholungseffekt sehr fraglich ist, führt dieser Urlaub für die nächsten 6 Monate immer wieder zu einem Loch in Ihrer Kasse.

So ist es mit allen Konsumgütern, die wir auf Kredit kaufen. Das bereits Konsumierte verliert schnell seinen Wert und wir zahlen trotzdem Monat für Monat.

Machen Sie es sich zur Angewohnheit, bar zu bezahlen. Kaufen Sie nur etwas, wenn Sie das Geld dafür haben. Wenn Sie die Sache wirklich schätzen, sind Sie wahrscheinlich auch bereit dafür anzusparen. Wenn Sie nicht bereit und willens sind, auf ein Konsumgut anzusparen, ist es Ihnen auch nicht wirklich wichtig!

25. Konsumrausch an Feiertagen aller Art!

Ein besonderes Kapitel der oft unsinnigen Ausgaben sind Feiertage wie Weihnachten, Geburtstage, Ostern etc.

Schenken sollte von Herzen kommen. Es gehört bestimmt zu den schönsten Dingen auf der Welt, einem lieben Menschen ein Geschenk zu machen, oder auch selbst etwas geschenkt zu bekommen. Unsinnig dagegen ist die aus Pflichtgefühl entstehende gegenseitige „Beschenkerei", nur weil man denkt, man muss etwas schenken weil der andere es erwartet.

Auch für Kinder ist es entspannender, wenn das Schenken von Herzen kommen darf. Wir haben z.B. einmal an Weihnachten auf gegenseitige Geschenke verzichtet, um dem örtlichen Tierschutz eine Spende zu machen.

Unsere Kinder haben wir gefragt, was sie tun möchten und waren positiv überrascht, dass jeder von ihnen freiwillig auf die Hälfte seines Geschenkes verzichtet hat, um auch spenden zu können.

Die Geldspende haben wir dann in zwei Umschläge aufgeteilt und jedes Kind durfte einen beim Tierheim abgeben. Glauben Sie mir, wir hatten sehr schöne Weihnachten.

Was mir zu Geschenken immer noch auffällt ist, dass es komisch ist, sich damit auf die „gesetzlich vorgeschriebenen Tage" zu beschränken. Ich finde es toll, einfach mal so etwas geschenkt zu bekommen, auch wenn kein besonderer Anlass dazu da ist.

Machen Sie doch einfach dann Geschenke, wenn Ihnen der andere liebe Mensch einfällt und Sie das Gefühl haben, jetzt sei der richtige Zeitpunkt. Und vielleicht finden Sie ja Gefallen an der Vorstellung, zu den üblichen Feiertagen nur noch das zu schenken, was Sie wirklich von Herzen geben.

Im nächsten Kapitel geht es um die Grundlagen einer jeden Finanzplanung und darum, was man auf jeden Fall beachten sollte, wenn man nicht nur zu Geld kommen möchte, sondern auch sein Leben genießen will.

III. Grundlagen der Finanzplanung

Nachfolgend sollen die grundlegenden Eigenschaften aufgeführt sein, die man braucht, um zu einem wie auch immer definierten Wohlstand zu gelangen. Ich habe diese Eigenschaften immer wieder bei Menschen gefunden, die einfach gut mit ihrem Geld auskamen. Auf der anderen Seite waren es gerade diese Eigenschaften, die Menschen häufig fehlen, die immer wieder Probleme beim Umgang mit dem Geld haben.

Hier also die wichtigsten Merkmale von wirtschaftlich erfolgreichen Menschen:

1. Nehmen Sie es leicht, gerade bei Geld!

Es bringt nichts, verbissen um Wohlstand zu kämpfen. Die Tür zum Wohlstand geht nach innen auf. Da hilft es nicht, fest dagegen zu drücken. Viele Menschen tun aber genau das. Und wenn die Türe nicht aufgeht, nehmen sie sich vor, beim nächsten Mal noch mehr Energie aufzuwenden und noch fester dagegen zu drücken.

Wie gesagt, die Türe zum Wohlstand geht nach innen auf ... nehmen Sie sich Zeit, ein Stück Papier, Ihren Partner und eine

Tasse Tee oder Cappuccino. Legen Sie die Füße hoch und denken Sie sowohl nach, als auch voraus...
Überlegungen können dabei z.B. sein:

- Welche Tätigkeiten lohnen sich für mich finanziell?
- Bei welchen Tätigkeiten habe ich nur Ärger und es kommt doch nicht viel dabei heraus?
- Was könnte ich an Aufgaben weglassen?
- Was würde ich noch gerne an Aufgaben dazu nehmen?
- Wo habe ich zusätzliche Chancen Geld zu verdienen?
- Was macht mir eigentlich Spaß?

Oft ist über den Spaß der Schlüssel zu Wohlstand und Wohlergehen zu finden. Was einem Spaß macht, macht man gerne, und was man gerne macht, das macht man gut. Ein spiritueller Lehrer hat einmal gesagt: „Wenn du gesund werden willst, gehe nur zu einem Arzt, der seinem Beruf gerne ausübt."

2. Ziele setzen

Ohne Ziele geht nichts. Zumindest nicht in einem von uns gewünschten Zeitraum und in eine von uns gewählte Richtung. Man sagt doch auch: „Wer nicht weiß, wohin er will, braucht sich nicht zu wundern, wenn er wo ganz anders ankommt" oder auch „Wer sein Ziel nicht kennt, für den ist kein Weg der richtige."

Da kommt wieder das Unterbewusstsein ins Spiel, das uns nur hilfreich sein kann, wenn wir mit unseren bewussten Gedanken die Richtung klar vorgeben. Wir müssen gedanklich schon da sein, bevor wir angekommen sind. Und Ziele müssen konkret, fassbar und zeitlich klar definiert werden.

Setzen Sie sich am besten Ziele in den folgenden Zeiträumen:
- Was möchte ich in den nächsten 12 Monaten erreichen?
- Was möchte ich in den nächsten 2-3 Jahren erreichen?
- Was möchte ich in 10 Jahren erreichen?

- Was könnte ein Lebensziel von mir sein oder werden?

Und setzen Sie sich Ihre Ziele in den folgenden Bereichen:[5]

A) Familie   B) Beruf   C) Körper   D) Sinn & Soziales

Diese Ziele müssen schriftlich und am besten mit dem Lebenspartner zusammen festgehalten werden. Ein kleiner Turbo sind dann noch so genannte Zielcollagen. Das bedeutet, Sie versuchen Ihre schriftlichen Ziele in Bildern umzusetzen, die Sie in Zeitungen, Zeitschriften und ähnlichem finden und fertigen daraus eine Collage an. Wenn Sie diese nun an einem Platz aufhängen, den Sie häufig sehen, werden Sie (und Ihr Unterbewusstsein) immer wieder an Ihre Ziele erinnert.

Hilfreich ist auch, wenn Sie unter Ihre Collage den Satz schreiben: „Dient das, was ich gerade tue, meinen Zielen?"

3. Hart arbeiten

Muss man hart arbeiten oder geht es nicht auch mit den Füssen auf dem Schreibtisch? Manche Trainer und Erfolgsgurus machen da ja die tollsten Versprechungen. Meine persönliche Einschätzung ist:

Wenn Sie nicht bereit sind, alles zu geben, werden Sie keine Chance haben, wirklich große Ziele zu verwirklichen. Sie können fast alles erreichen, was Sie sich vorstellen, aber

- es kann sein, dass Sie sich dafür anstrengen müssen und
- Sie müssen den Preis dafür bezahlen

Wägen Sie also ab. Der Manager der 100 Stunden pro Woche arbeitet, viel Geld verdient, aber nachher geschieden ist und seine Kinder nicht kennt, ist für mich persönlich kein Vorbild. Derjenige, der mit einer 30 Stundenwoche ständig weit ab von grünen Zweigen ist, aber auch nicht.

Wählen Sie klug, wenn Sie sich Ziele setzen. Und denken Sie daran:

Sie haben die Wahl! Kein anderer kann sagen, ob das richtig oder falsch ist. Es gibt kein Richtig bei Ihren Zielen – es gibt kein Falsch bei Ihren Zielen. Es gibt Ziele, die zu Ihnen passen, Ihre Fähigkeiten, Ihren bisherigen Lebensweg, Ihren Einsatzwillen etc. berücksichtigen und die einfach klug und sorgfältig auf Sie abgestimmt sind.

Solche Ziele brauchen Sie...

4. Wer ist verantwortlich für Ihr Geld?

Machen wir es kurz und schmerzlos. Sie sind verantwortlich für Ihr Geld und Ihren Wohlstand und niemand sonst.

Ich empfehle Ihnen hier gerne das Buch von Reinhard K. Sprenger „Die Entscheidung liegt bei Dir". Dieses Buch führt sehr deutlich vor Augen, wer die Verantwortung für unser Leben hat...

5. Wann fangen Sie damit an?

Entscheidungen auf die lange Bank zu schieben, bringt meist nichts und lässt den Stapel der unerledigten Dinge immer noch größer werden. Das gilt für alle Lebensbereiche, insbesondere aber für Ihre Finanzen.

Ordnen Sie Ihre Finanzen gleich jetzt. Planen Sie Ihre Ziele noch diese Woche und gestalten Sie Ihre Zukunft selber. Sie werden sehen, je konkreter Sie selbst wissen, was Sie wollen, desto weniger werden andere Menschen versuchen, Sie davon abzubringen.

6. Grundregeln für die Geldanlage!

Es gibt ein paar Regeln, die Sie bei Ihrer Geldanlage beachten sollten. Das sind nicht viele, dafür aber wichtige:

- Kaufen Sie nur Produkte, die Sie verstehen
- Gier tötet Hirn, bleiben Sie bescheiden
- Seien Sie sich bewusst und unterbewusst darüber im Klaren, dass Sie reich sein dürfen
- Wer reich werden will muss zunächst darauf achten, dass er kein Geld verliert. Spekulieren Sie nur mit Geld, auf das Sie wirklich verzichten können.
- Beachten Sie die Risikopotenzialanalyse (RPA)
- Geben Sie das Thema Geld nie (ganz) aus der Hand

7. Was erwarten Sie vom Geld?

Die meisten Menschen erwarten von „ganz viel Geld haben", dass sich damit alle ihre Sorgen in Luft auflösen. Das ist natürlich Quatsch.

Wer vorher eine schlechte Partnerschaft geführt hat und dann zu Geld und Reichtum kommt, wird einfach eine schlechte Ehe mit viel Geld führen und die Scheidungskosten werden höher sein.

Wer vorher auf seine Gesundheit nicht geachtet hat und dann zu Geld kommt, wird sich vielleicht bessere Ärzte leisten können, aber er wird auch nachher auf seine Gesundheit nicht achten und deshalb krank bleiben.

Machen Sie sich bitte ganz klar, dass Sie mit Geld nur finanzielle Probleme lösen können. Es wird Ihnen keine Lösungen für zwischenmenschliche oder gesundheitliche Probleme verschaffen.

Aber da viele Probleme finanzieller Natur sind, können Sie sich auf deren Lösung mit Recht freuen. Geld macht nicht glücklich sondern reich, und das hat doch schon was...

Lassen Sie uns also damit anfangen, als Grundlage zuerst einmal einen Finanzplan zu erstellen. Dieser bietet Ihnen eine hervorragende Möglichkeit, Ihren Istzustand festzuhalten und Sie werden ganz leicht sehen, wohin Ihr Geld momentan fließt.

Das kann man natürlich auf einem Blatt Papier machen, aber ich denke in der heutigen Zeit ist ein Computer das geeignetere Mittel. Wir gehen ja auch nicht mehr zum Fluss um unsere Wäsche zu waschen und schlagen unsere Hemden auf Steine...

Für den nachfolgenden Finanzplan benötigen Sie einen PC mit Windows und das Microsoft Programm Excel, sowie den unter http://www.mein-finanzbrief.de angebotenen Finanzplan.

Für alle, die keinen Windows PC, oder kein Excel haben, bietet der GeldSparKurs eine gute Alternative.

Außerdem wird das erstmalige Anlegen Ihres Finanzplans ca. 3-5 Stunden Zeit in Anspruch nehmen. Das ist Zeit, die sich lohnt, denn danach haben Sie Ihre Finanzen ganz leicht im Griff.

IV. Der einfache Finanzplan

Ob jemand Geld hat oder nicht liegt weder alleine an den Einnahmen, noch an den Ausgaben. Entscheidend ist das Verhältnis von beidem. Meistens jedoch sind nicht zu geringe Einnahmen, sondern unkontrollierte Ausgaben das Problem. Das Geld rinnt einem förmlich durch die Finger. Hier setzt der Finanzplan an. Er kontrolliert die Ausgabenseite.

So gehen Sie Schritt für Schritt beim Anlegen Ihres Finanzplans vor:

a) Sie haben sich unter http://www.mein-finanzbrief.de eine Version des Finanzplans heruntergeladen. Diese können Sie sich entweder als *.xls Datei (das ist die Originaldatei) oder als *.exe Datei (das ist eine Installationsdatei) herunterladen.

b) Mit der Original *.xls Datei können Sie gleich loslegen, die *.exe Datei müssen Sie erst noch installieren.

c) Beim Öffnen des Finanzplans in Excel werden Sie nun gefragt, ob Sie die Makros aktivieren möchten. Beantworten Sie die Frage bitte mit Ja, da der Finanzplan ohne Makros nicht funktioniert.

   Wenn Sie bereits mit einer Excelversion 2000 oder höher arbeiten, kann es sein, dass die Makros automatisch deaktiviert sind. Öffnen Sie dann bitte Ihr Excel und stellen Sie die Sicherheitsstufe unter Extras / Makros / Sicherheitsstufe auf Mittel ein. Das ist die komfortabelste Möglichkeit, um mit Excel zu arbeiten. Sie werden dann bei jedem Start einer Mappe, die Makros enthält, gefragt, ob Sie diese aktivieren möchten.

d) Der Finanzplan hat ein eigenes Menü, das vorübergehend Ihr normales Excelmenü ersetzt. Beim Schließen des Finanzplans wird Ihr Standardmenü wieder hergestellt.

Bei Excelversionen ab 2007 finden Sie die Menüleiste Ihres Finanzplans unter der Menüpunkt ‚AddIn'.

e) Sehen Sie sich jetzt zunächst einmal die einzelnen Menüpunkte an, indem Sie mit der Maus auf die Hauptkategorien klicken. Sehen Sie sich die Unterpunkte an, um einen Eindruck zu bekommen, welche Funktionen der Finanzplan in Excel anbietet.

f) Danach fangen Sie am besten damit an, sich den Finanzplan unter ‚Mein aktueller Finanzplan' anzuschauen. Der Finanzplan beinhaltet sowohl private als auch geschäftliche Kosten.

g) Wenn Sie die geschäftlichen Kosten nicht benötigen, können Sie diese unter dem Menüpunkt Extras / Für Arbeitnehmer optimieren ausblenden.

h) Gehen Sie einmal alle Ausgabeposten durch. Sie können alle Bezeichnungen in der Spalte A an Ihre Bedürfnisse anpassen. Die Standardbezeichnungen sind lediglich als Hilfestellung gedacht, damit man einmal sieht, welche Ausgaben so insgesamt anfallen können.

Ich empfehle Ihnen, sich Ihre Kontoauszüge der letzten 12 Monate zur Hand zu nehmen und diese alle durchzugehen. So erreichen Sie eine hohe Trefferquote, wenn es darum geht, möglichst alle Kosten zu erfassen.

Bilden Sie dabei sinnvolle Untergruppen und splitten Sie Ihre Kosten nicht zu sehr auf. Anstatt 100 Euro für Trinken, 200 Euro für Essen und 50 Euro für Kosmetikartikel schreiben Sie doch einfach 350 Euro Haushaltsgeld.

i) Wenn Sie alle Bezeichnungen eingetragen haben, die Sie benötigen, und sich viele Leerzeilen ergeben haben. können Sie diese Leerzeilen ganz einfach unter dem Menüpunkt Bearbeiten ausblenden.

j) Sollten Sie später feststellen, dass Ihnen doch noch die eine oder andere Zeile fehlt um Eintragungen vorzunehmen, wählen Sie bitte im Menü Bearbeiten / Alle Zeilen einblenden und es stehen Ihnen wieder sämtliche Zeilen zur Verfügung. Wenn Sie Ihre neue Bezeichnung eingetragen haben, verfahren Sie wieder wie unter Punkt g) und unter Punkt i) beschrieben.

k) Sollten Sie einmal eine einzelne Zeile ausblenden wollen, so können Sie das unter Bearbeiten / Aktive Zeile ausblenden tun. Es wird dann die Zeile ausgeblendet, in der sich Ihr Cursor gerade befindet.

l) Alle Posten, die eine feste Größe haben (und von uns nur mittelbar bestimmt werden können) wie etwa Versicherungsbeiträge, Strom, Gas, Wasser, Heizung usw. trägt man einmal in den Finanzplan ein und muss diese nur noch dann korrigieren, wenn sich etwas ändert.

Für Posten die sich laufend ändern können, wie z.B. Benzin trage ich eine Pauschale ein und am Monatsende schaue ich kurz, ob ich so hingekommen bin, oder ob ich mehr oder weniger verbraucht habe. Das kann ich dann kurz nachtragen.

Natürlich kann man alle Monatswerte jeweils am Ende des Monats nochmals durchgehen und korrigieren, wenn sich etwas verändert hat. So erhält man auf ganz einfache Art und Weise eine Übersicht, was pro Jahr an Ausgaben anfällt.

m) Sie können auf Ihrem aktuellen Finanzplan noch folgende weitere Befehle ausführen:

-   zu den privaten Kosten springen
-   zu den geschäftlichen Kosten springen

- zu den Einnahmen springen
- die Anleitung lesen
- den Finanzplan nach Beträgen oder Bezeichnungen durchsuchen
- die Hilfe aufrufen
- Zeilen gelb oder rot färben (das ist eine sehr nützliche Funktion, wenn Sie einmal einen Posten beobachten möchten. Gelb dient z.b. dazu, auf diesen Posten zu achten, während rot signalisiert: hier muss unbedingt etwas getan werden).
- eine Zeile wieder entfärben
- nur eine einzelne Zelle färben, das ist in dunkel grau oder weiß möglich (wenn Sie nur in einem Monat etwas kennzeichnen möchten)
- zum Kommentar gehen (diese Funktion ermöglicht es Ihnen, zu jedem Posten einen Kommentar einzutragen. Dort kann dann z.B. die Kundennummer stehen, oder die Telefonnummer des Anbieters etc. Nutzen Sie diese Möglichkeit der zusätzlichen Beschreibung eines Postens. Es wird Ihnen in der Praxis viel unnötige Sucharbeit ersparen.

n) Nachdem Sie nun alle Ausgaben eingetragen haben, geht es zu den Einnahmen. Da der Finanzplan sowohl für Selbständige als auch für nicht Selbständige entwickelt wurde, ist hier die Unterscheidung nach steuerpflichtigen und steuerfreien Einkünften sehr wichtig!

- Als nicht Selbständiger setzen Sie bitte die Zelle G3 zunächst einmal auf Null und nun können Sie Ihre Eintragungen machen, wo Sie möchten.

- Als Selbständiger bestimmen Sie in der Zelle G3 den Prozentsatz, den Sie von Ihren steuerpflichtigen Einkünften für die Steuer auf die Seite legen möchten bzw. eher müssen. Von allen steuerpflichtigen Einkünften, die Sie eintragen wird dann in der Zeile 167 automatisch eine Steuerrücklage gebildet. Diese Steuerrücklage müssten Sie jeden Monat auf ein Termingeld oder Geldmarktkonto einbezahlen. Von diesem Konto können Sie dann ganz bequem Ihre Steuervorauszahlungen leisten. Setzen Sie die Steuerquote im Feld G3 bitte hoch genug an, damit Sie immer über genügend Rücklagen für die Steuer verfügen.

- Wenn Sie sowohl selbständig als auch nicht selbständig sind (weil Sie z.b. ein Nebengewerbe angemeldet haben), dann gehen Sie vor wie ein Selbständiger und tragen zusätzlich Ihren Nettolohn unter steuerfreie Einkünfte ein. Aus diesen steuerfreien Einkünften wird nämlich keine Steuerrücklage gebildet.

o) Sie sollten die Ausgaben immer für das gesamte Jahr eingetragen haben, die Einnahmen aber nur bis zum aktuellen Monat. Der Grund liegt in der Hochrechnung, die bei den Diagrammen durchgeführt wird. Diese Hochrechnung überprüft, bis zu welchem Monat die Einnahmen eingetragen sind und führt zu diesem Monat eine Hochrechnung durch. Wenn heute Februar wäre und Sie z.B. für den Monat Oktober eine Einnahme eingetragen hätten, dann würde die Hochrechnung Stand Oktober durchgeführt, was natürlich zu unsinnigen Ergebnissen führen kann.

Deshalb gilt: Die Ausgaben bitte immer für alle Monate eintragen, die Einnahmen aber nur bis zum aktuellen Monat.

p) Viele Felder berechnen sich selbst durch Formeln. Diese Formeln sind durch ein Kennwort vor dem Überschreiben geschützt. Dieses Kennwort ist nicht erhältlich. Jeder Versuch, das Kennwort zu umgehen wird sich zweifach negativ auswirken :

- Man verstößt gegen unser Copyright, was strafrechtliche Folgen haben kann, da wir unseren Kopierschutz sehr ernst nehmen!
- Man kann die Update Funktion des Finanzplans nicht mehr nutzen. Das bedeutet, bei jeder Version müssten Sie alle Daten vollkommen neu eingeben. Ein wirklich

unnötiges Unterfangen, das Sie Jahr für Jahr sehr viel Mühe kosten würde.

q) Der nächste Schritt besteht darin, alle Verträge in die Vertragsübersichten des Finanzplans einzutragen. Diese Vertragsübersichten stehen Ihnen unter dem Menüpunkt EasyEdition zur Verfügung und sind jeweils selbst erklärend.

In den Finanzplan können Sie folgende Verträge eintragen:

- Vermögenswirksame Leistungen
- Bausparverträge
- Riester Rentenverträge
- Krankenversicherungen
- Unfallversicherungen
- alle Sachversicherungen
- Lebensversicherungen
- Altersversorgung
- Immobilienfinanzierung
- Wert Ihrer Immobilie(n)
- sämtliche Guthaben
- sämtliche Darlehensverträge

Wenn Sie alle Ihre Verträge im Finanzplan eingetragen haben, erleichtert das sämtliche Gespräche mit Vermittlern, Banken und dem Steuerberater enorm und Sie haben wirklich einen optimalen Überblick über Ihre gesamte Situation.

r) Der Finanzplan verfügt über eine Möglichkeit, sich Notizen anzulegen. Eine nützliche Funktion für alles, was z.B. noch erledigt werden muss.

s) Sie können sich auch alle geplanten Ausgaben der nächsten 12 Monate übersichtlich und geordnet eintragen und so vielleicht den optimalen Kaufzeitpunkt einer geplanten Anschaffung bestimmen.

t) Zu guter Letzt sind noch Gedanken zum Umgang mit Geld im Finanzplan enthalten, die Sie aber bereits in wesentlich ausführlicherer Form durch dieses Buch kennen.

Das war es schon. Ihr Finanzplan müsste nun angelegt sein und es geht jetzt nur noch darum, ihn monatlich zu führen. Das wird Sie maximal 10 Minuten pro Monat kosten und Sie sind immer auf dem aktuellen Stand. Kennen Sie eigentlich jemanden, der so gut über seine Finanzen Bescheid weiß wie Sie jetzt?

u) Nehmen Sie einmal pro Monat Ihre Kontoauszüge und vergleichen Sie, ob die Abbuchungen und Überweisungen in etwa mit Ihren eingetragenen Werten übereinstimmen. Ich persönlich halte nichts davon, alles centgenau einzutragen. Das kostet eine Menge Zeit und bringt nicht viel.

Genauso verfahren Sie mit Ihren Einnahmen. Der Finanzplan ermittelt ja jeweils die Unter- bzw. Überdeckung nach Stand des aktuellen Monats.

Bleiben Sie gelassen, nicht zum Buchhalter "mutieren". Es reicht völlig, wenn Sie einen 90 %igen Überblick haben. Wir wollen gut sein - nicht perfekt!! Sie können aber selbstverständlich auch alles ganz genau eintragen - jeder eben nach seinem Geschmack.

Noch ein Tipp: Löschen Sie bei einem Jahreswechsel nur die Einnahmen, lassen Sie die Ausgaben eingetragen!!

Einmal pro Jahr erhalten Sie das jeweils neueste Update des Finanzplanes. Wenn Sie technische Fragen zum Finanzplan haben, erhalten Sie an allen Werktagen eine Antwort innerhalb von maximal 24 Stunden per E-Mail von uns.

V. Der Finanzplan als Plus- und ProEdition

V.I. Die PlusEdition

Die PlusEdition wurde für alle nicht Selbständigen entwickelt. Sie umfasst folgende zusätzliche Module:

1. Erfassung Ihres letzten Einkommensteuerbescheides

Hier können Sie sich alle Daten des letzten Einkommensteuerbescheids eintragen und haben sie so immer zur Hand, wenn Sie diese Daten benötigen. Sei es für den Wohnungsbau Prämienantrag, die nächste Steuererklärung, für ein Gespräch mit Ihrem Banker usw.

2. Ihre Einkommensteuervorauszahlungen

Hier können Sie sich bei Bedarf Ihre Einkommenssteuervorauszahlungen mit sämtlichen relevanten Daten notieren.

3. Aufstellung Ihrer Barmittel

Die Aufstellung Ihrer Barmittel bietet Platz für bis zu 30 unterschiedliche Wertpapiere, die Sie in Ihrem Depot haben können. Diese Wertpapiere können mit Risikoklasse, WKN/ISIN Nummer, Bezeichnung, Vertragsnummer, Beginn und Ablauf, Anteile, Kurswert, dem aktuellen Wert und einem Bemerkungsfeld erfasst werden.

So haben Sie Ihre gesamten Guthaben auf nur einer übersichtlichen Seite erfasst und dadurch einen optimalen Überblick.

4. Ihre Vermögensbilanz

Ihre Vermögensbilanz stellt ebenfalls auf nur einer übersichtlichen Seite alle Barmittel inklusive Ihren Grund- und Sachwerten allen Ihren Verbindlichkeiten gegenüber. Sie haben damit auf einen Blick eine Übersicht Ihres Gesamtvermögens. Da dieses Modul mit anderen Modulen verknüpft ist, brauchen Sie Daten niemals doppelt einzugeben, sondern immer nur an einer Stelle. Dieses Modul pflegt sich also wie von selbst.

5. Risikopotentialanalyse (RPA)

Das Kernstück eines guten und sinnvollen Vermögensaufbaues ist die Risikopotentialanalyse (RPA). Sie wird aus den Daten der Aufstellung Ihrer Barmittel gespeist, ohne dass Sie auch nur eine Zahl eintragen müssen. In Sekundenschnelle können Sie so das Risiko Ihres Depots selbst einschätzen und gegebenenfalls reagieren.

Die Wichtigkeit dieses Moduls kann nicht genügend betont werden. All die großen Verluste, die manch Einer in den Börsenjahren 2000-2010 hinnehmen musste, wären damit vermeidbar gewesen!

6. Steuerbelastung durch das Depot

Jedes Depot belastet Sie auch steuerlich, weil Sie Einkünfte aus Kapitalvermögen versteuern müssen. Dieses Modul soll dabei helfen, die Steuerbelastung der einzelnen Anlageformen zu erkennen, damit Sie wissen, welche Anlageform Sie eventuell ersetzen können oder sogar müssen. Dabei werden die Ergebnisse auch grafisch dargestellt, um einen noch besseren Überblick zu erhalten.

7. Meine Einkommensentwicklung

Wie sich Ihr Einkommen entwickelt, können Sie mit diesem Modul leicht erkennen. Es bietet Platz für alle Monate der letzten 10 Jahre und setzt Ihre Daten in Grafiken um. So erkennen Sie genau, ob nicht mal wieder eine Einkommensverbesserung notwendig wäre.

8. Ihre Sparziele

Dieses Modul ermöglicht Ihnen, sich Ihre Sparziele zu notieren. Dabei sind folgende Eintragungen möglich:

- Ihre Sparziele der letzen 12 Monate
- Ihre Sparziele in 1 - 3 Jahren
- Ihre Sparziele in 5 - 10 Jahren
- Ihre Fernziele

9. Ihre Krankenversicherung

Da der Bereich der Krankenversicherung ein Posten ist, der wohl immer teurer werden wird, haben wir ihm ein extra Modul gewidmet. Sie können hier für bis zu 6 Personen Ihre Krankenversicherung eintragen. Dabei spielt es keine Rolle, ob Sie privat oder gesetzlich versichert sind. Auch eventuelle Zuzahlungen und Selbstbehalte können notiert werden. Auch diese Daten werden in ansprechende Grafiken umgesetzt.

Außerdem gibt es ein Blatt für alle privat Versicherten, auf dem Sie Ihre Selbstbehalte nach Personen und Kostenstellen gesondert erfassen können. Das ist wichtig, wenn Sie Tarife mit Selbstbehalte abgeschlossen haben.

Die PlusEdition wird von einem Druckmenü abgerundet, das es Ihnen erlaubt, alle Module einzeln oder in jeder beliebigen Kombination auszudrucken.

10. Ihre Wohnnebenkosten

Mit diesem Modul haben Sie auf nur einem Tabellenblatt die komplette Übersicht all Ihrer Nebenkosten. Dazu gehören Strom, Gas, Heizöl, Wasser, Müllgebühren, Schornsteinfeger und noch zwei freie Eintragungsmöglichkeiten.

Außerdem können Sie dort sämtliche Zählerstände Ihrer Abrechnungen notieren und haben eine Übersicht über die letzten 6 Vorjahreswerte Ihrer Abrechnungen, damit Sie vergleichen können.

V.II. Die ProEdition

Die ProEdition ist speziell für Selbständige entwickelt worden, die ja ständig die Situation haben, nicht genau zu wissen, wie das **laufende Jahr** sich wirtschaftlich entwickelt. Meist weiß man einfach erst am Ende des Jahres (und das ist dann zu spät) wie viel Gewinn man hat, wie viel Steuerrücklagen man hätte bilden sollen und wie sich private und geschäftliche Kosten entwickelt haben.

Genau hier setzt die ProEdition an. Sie erstellt in jedem beliebigen Monat des Jahres Hochrechnungen, die darüber Aus-
kunft geben, wie sich der Gewinn, die Einkommen- und die
Gewerbesteuer, die privaten und die geschäftlichen Kosten
auf das Jahr gesehen entwickeln werden, wenn es so weiter-
geht wie bis jetzt.

Ein unverzichtbares Instrument der Finanzplanung für alle
Personengesellschaften, Handelsvertreter, OHGs, KGs und
GbRs, die in Deutschland tätig sind.

Die ProEdition umfasst sämtliche Module der PlusEdition, hat
aber zusätzlich noch die folgenden wichtigen Erweiterungen:

1. Erfassung der absetzbaren Kosten

Um eine Steuerschätzung möglichst genau durchführen zu
können, geben Sie in dem Modul selbst vor, um wie viel Prozent die jeweilige Ausgabe Ihre Einkommen- und Gewerbe-
steuerlast reduziert.

2. Steuerschätzung des laufenden Jahres

Dieses Modul führt zu jedem beliebigen Zeitpunkt eine Steuerschätzung für das laufende Jahr durch. Dadurch haben Sie bei
der Planung Ihrer Ausgaben einen unschätzbaren Vorteil.

3. Ermittlung des Freiraumes

Hierbei sehen Sie auf nur einer Bildschirmseite ganz genau,
was Ihnen das laufende Jahr bringen wird. Errechnet werden:

- Ihre steuerpflichtigen Einkünfte
- Ihre steuerfreien Einkünfte
- Ihre Gewerbesteuer
- Ihre Einkommensteuer

- Ihre Geschäftsausgaben
- Ihre Privatausgaben
- Ihr Nettoeinkommen
- Ihr frei verfügbarer Betrag

Und das alles jeweils hochgerechnet auf das laufende Jahr. Der Zeitaufwand hält sich (nach dem einmaligen Erfassen der erforderlichen Daten) in sehr engen Grenzen. Ich selbst benötige dafür 10 Minuten pro Monat.

VI. Zusammenfassung der FinanzPlan-Idee:

Im Grunde sind lediglich drei Schritte nötig, um auf Dauer zu Wohlstand und Sicherheit im Leben zu kommen.

Wir nennen sie die ‚3 Schritte der FinanzPlan-Idee'. Wie genau funktioniert nun die Finanzplan-Idee? Was sind die einzelnen Schritte?

Schritt 1: Die Finanzplan Software und Kurse

Man besorgt sich zunächst den Finanzplan in Excel (als Download oder auf CD). Die Software ist ShareWare, jede(r) kann also zunächst unverbindlich ausprobieren, ob er/sie damit zurechtkommt, ob es ihm/ihr einleuchtend erscheint und so weiter.

Wenn einem die Software zusagt, bestellt man sich den Lizenzcode für die gewünschte und passende Version. Den Finanzplan gibt es in drei Ausführungen:

Als PlusEdition   (für alle nicht Selbstständigen)
Als ProEdition   (für Selbstständige in Deutschland)

Jetzt legt man seinen Finanzplan an. Das bedeutet, dass man ihn mit seinen eigenen Daten füttert. Um die Software schnell zu verstehen und die Anwendung sofort in der Praxis umsetzen zu können, gibt es drei Möglichkeiten:

- Man erarbeitet sich alles selbst
- Man holt sich den Finanzplan E-Learningkurs
- Man besucht einen Online Workshop bei uns

Allein durch das Anlegen des Finanzplans und das damit verbundene Eintragen der einzelnen Ausgaben ergibt sich sehr oft bereits ein ‚Aha-Effekt'.

Vielen wird erst jetzt klar, wohin das ganze Geld fließt, und warum man (oftmals) eigentlich so viel Geld pro Monat benötigt.

In dem E-Learningkurs und dem Online Workshop geht es dann auch darum, dass jeder seine eigenen Geldziele festlegt:

- Was will ich mit Geld überhaupt erreichen?
- Was bedeutet Geld für mich?
- Was soll Geld für mich tun?
- Was mir Geld alles ermöglicht.
- Was kann ich auch ohne Geld genießen?

Und wir suchen mit Ihnen gemeinsam eine Einstellung zum Thema Geld, die ihm einen gesunden Platz in Ihrem Leben gibt.

Hier finden Sie die passenden Internetlinks:

Den Download der kostenfreien ShareWare finden Sie hier: http://www.mein-finanzbrief.de/gratisbereich.html

Beim Anlegen Ihres Finanzplans haben Sie 3 Möglichkeiten:

Entweder erkunden Sie die Software alleine, oder Sie nutzen den E-Learningkurs, der die Software mit vielen Filmen, die Sie am PC ansehen können, genau erläutert.

Wir wollen es Ihnen angenehm machen. Für alle Neueinsteiger in die Finanzplan-Idee gilt jetzt: Planen Sie statt mit betriebswirtschaftlichen Auswertungen – die nur die Vergangenheit zeigen – mit dem Finanzplan Ihre Zukunft!

Denn: "Wer auf sein Geld achtet, hat auch welches!"

Die absolut angenehmste und gleichzeitig effektivste Art, sich seinen eigenen Finanzplan anzulegen, ist aber nach wie vor in einem persönlich von uns betreuten Online Workshop.

Hier haben Sie uns für die gesamte Dauer des Workshops an Ihrer Seite. Wir helfen Ihnen jederzeit bei allen Fragen und Problemen weiter und führen Sie ohne Umwege auf dem direkten Weg durch Ihren Finanzplan.

Alle aktuellen Termine, die Kosten und Dauer der Online Workshops finden Sie hier: http://www.mein-finanzbrief.de/workshopweb.html

Noch eine Anmerkung für alle Selbstständigen:

Die ProEdition ist fast schon ein „Segen". Die ProEdition ist das absolute Highlight des FinanzplanTeams und wurde für Selbstständige entwickelt. Wir vom FinanzplanTeam verwenden für unsere Finanzen alle die ProEdition.

Mit der ProEdition können Sie mit 3 Mausklicks ermitteln, wie viel Sie für Ihre Einkommen- und Gewerbesteuer auf die Seite legen müssen, wenn es so geschäftlich so weiterläuft wie bisher. Alle Kosten werden (mit den notwendigen Steuerrücklagen zusammen) Ihren Einnahmen gegenübergestellt und der Ihnen verbleibende Netto-Freiraum wird ermittelt.

Durch diese einzigartige Hochrechnung haben Sie zu jedem beliebigen Zeitpunkt des Jahres den Überblick über das gesamte Jahr. Durch die ProEdition sind Sie so insbesondere vor ‚Überraschungen' Ihres Finanzamtes sicher.

Den größten Vorteil, den man durch die Anwendung der ProEdition hat, sind die verschiedenen Möglichkeiten der 'Was wäre wenn - Analyse". Dabei speichern Sie Ihre ProEdition einfach unter einem anderen Dateinamen ab und testen, wie sich Ihr Gewinn oder Ihre Situation verändern würde, wenn Sie dies oder jenes tun oder lassen würden.

Wir nennen diese Planspiele 'Cappuccino Zeit'. Das ist das Beste, was Sie als Selbstständiger für sich und Ihre Finanzen tun können. Da trifft der Satz "Oft ist es sinnvoller über sein Geld nachzudenken, als nur dafür zu arbeiten" wirklich voll zu.

Planen Sie ab jetzt statt mit betriebswirtschaftlichen Auswertungen – die nur die Vergangenheit zeigen – Ihre Zukunft! Sie werden merken: Je transparenter und ehrlicher Sie planen, desto besser und motivierter werden Sie sein.

Zusammenfassung des 1. Schrittes:

Folgende Vorteile ergeben sich für Sie durch den Einsatz des Finanzplans:

- Sie sind beim Thema Finanzen ab sofort viel sicherer.
- Sie gewinnen mehr Ruhe für sich und Ihre Zukunft.
- Sie fühlen sich einfach besser im Umgang mit Ihrem Geld.
- Selbstständige und Freiberufler machen mehr Gewinn.
- Ihre finanzielle Situation ist überschau- und vorhersehbar.
- Sie treffen bessere Finanzentscheidungen für sich.
- Das Thema Geld bereitet Ihnen kein Bauchweh mehr.

Schritt 2: Der GeldSparKurs

Wenn der Finanzplan angelegt ist, geht es mit dem 2. Schritt weiter. Hier kommt der GeldSparKurs ins Spiel, der seit November 2007 bei uns erhältlich ist.

In mehr als 35 Jahren habe ich über 1.000 Beratungen zum Thema Geld und Finanzen geführt. Dabei ist mir immer wieder aufgefallen, dass wohlhabende Menschen bestimmte Dinge bei ihrem Umgang mit Geld einfach richtiger machen als Menschen, die (noch) nicht so gut mit ihrem Geld auskommen.

Und, um das gleich vorweg zu sagen, das hat überhaupt nichts damit zu tun, dass wohlhabende Menschen klüger sind. Ihnen stehen oftmals lediglich bessere Informationen zur Verfügung, und sie können sich natürlich sehr häufig auch die besseren Berater leisten.

Im GeldSparKurs finden Sie die Verhaltens- und Vorgehensweisen, die nachweislich dazu führen, dass man im täglichen Leben weniger Geld benötigt und somit mehr für sich selbst auf die Seite legen kann.

Damit steht dieses Wissen nun erstmals allen zur Verfügung, die sich dafür interessieren, wie man leichter lebt - mit weniger Kosten.

Was aber machen nun diejenigen anders, die ständig über genügend Mittel verfügen?

Wohlhabende Menschen denken zum Beispiel anders in Bezug auf ihr Geld. Sie verhalten sich anders, sie gehen sorgfältiger mit ihren Mitteln um und denken - bereits im Vorfeld - viel mehr über ihre Einnahmen und Ausgaben nach.
Wohlhabende treffen die besseren Anlageentscheidungen und bringen sich dadurch in eine sehr komfortable Situation.

Sie vermeiden es, Banken, Bausparkassen, Versicherungen und Investmentgesellschaften hohe Gebühren 'in den Rachen zu werfen'. Genau so, wie sie es vermeiden, Geld für Dinge auszugeben, die sie nicht wirklich brauchen.

Im GeldSparKurs finden Sie die Essenz dessen, was wohlhabende Menschen richtig machen. Sie erhalten dieses Wissen in gebündelter Form. Leicht verständlich formuliert, so dass man es auch als 'Nicht-Experte' verstehen und für sich einsetzen kann.

Sie finden heraus, was wohlhabende Menschen anders machen und profitieren davon, indem Sie sich selbst ebenfalls diese gewinnbringenden Verhaltsweisen zu Eigen machen können.

Auf den Punkt gebracht:

- Der GeldSparKurs hebt Sie auf einen höheren, finanziellen Level. Die Zeiten, in denen Sie Ihre finanziellen Mittel ungünstig eingesetzt haben, werden der Vergangenheit angehören.

- Mit dem GeldSparKurs lebt man leichter, weil man weniger monatliche Fixkosten hat.

- Sie können auf teure Berater, Zeitschriften und Bücher zum Thema 'Geld sparen' verzichten, dieser Selbstlernkurs führt Sie Schritt für Schritt zum Ziel.

- Sie erhalten die 60 besten und vor allem einfach umsetzbaren EinSparIdeen. Diese sind bereits komplett für Ihre Bedürfnisse vorbereitet.

- Sie vergrößern Ihren finanziellen Freiraum sofort und das ab dem ersten Schritt.

- Finanzielle Zusammenhänge werden leicht verständlich dargestellt. Sie werden sehen, wie einfach es Ihnen plötzlich fällt, selbst die richtigen finanziellen Entscheidungen zu wählen.

Bitte einmal ‚Hand aufs Herz':

Arbeiten Sie auch zu viel und kümmern Sie sich deshalb zu wenig wirklich richtig und ausreichend um Ihr Geld?

Woche für Woche arbeiten Sie 40 Stunden (oder mehr) für Geld und berücksichtigen dabei die Ausgabenseite nicht ausreichend. Macht das wirklich Sinn? Schnell gerät man nämlich in Gefahr, nur noch im Hamsterrad zu laufen.

An vielen verschiedenen Stellen gibt man unnötig viel Geld aus, weil man sich keine Zeit nimmt, seinen Geldfluss zu überwachen.

Dadurch steigen natürlich die monatlich anfallenden Kosten immer weiter und man muss immer noch mehr arbeiten, um seine laufenden Ausgaben decken zu können.

So wird die eigene Freizeit und die Zeit für soziale Kontakte zunehmend geringer. Wichtige Menschen kommen zu kurz und das empfindet man natürlich als unbefriedigend.

Also belohnt man sich (und vielleicht auch seine Lieben) für all die Mühen und den Verzicht auf das, was einem wirklich gut tun würde, mit weiteren Anschaffungen. Man schafft sich sozusagen eine Ersatzbefriedigung. Das jedoch führt zu immer noch mehr Kosten.

Spätestens wenn Sie an diesem Punkt angekommen sind, werden Sie zum Hamster im selbst geschaffenen Hamsterrad, von dem die meisten Menschen sagen: "Das ist halt so."

Aber wie dem Hamsterrad entkommen, geht das überhaupt?

Ja, das geht, und es ist sogar wesentlich leichter, als viele Menschen denken.

Den Schlüssel dazu bekommen Sie mit dem GeldSparKurs:

Dieser Selbstlernkurs wurde von unserem Team innerhalb von 8 Monaten Entwicklungszeit sorgfältig auf die Bedürfnisse unserer Anwender zugeschnitten.

Sie erhalten ein einfach zu bedienendes Programm auf einer handlichen CD.

Und so funktioniert es:

- Wir geben Ihnen ein 60-Tages-Programm in Form des GeldSparKurses an die Hand. Sie können die einzelnen Kapitel nacheinander (also in Ihrem eigenen Rhythmus) durchgehen.

- Dafür haben Sie sogar ein ganzes Jahr Zeit!

- Wo immer es etwas zu berechnen gibt, bieten wir Ihnen im GeldSparKurs für diese Ermittlungen bereits fertige Lösungen auf Microsoft© Excelbasis an.

- So erkennen Sie auf einen Blick, wo unnötig Geld ausgegeben wird und wie die Alternativen dazu aussehen. Dann nutzen Sie einfach unsere fertigen Musterbriefe und Ideen. Sie müssen sich selbst keine Lösungen ausdenken, wir haben alles für Sie vorbereitet.

- Sie erhalten zu allen Kapiteln im GeldSparKurs konkrete Ideen und Tipps, die Sie sofort umsetzen können. Hier sind die besten EinSparIdeen zusammengetragen worden.

- Und alles ist fertig ausgearbeitet: Musterbriefe, Internetadressen und PDF-Dateien führen Sie Schritt für Schritt durch die einzelnen Kapitel der Einspar- und Verbesserungsideen.

Weil das einmalige Durchgehen Ihrer monatlichen Kosten zwar gut ist, aber auf Dauer zu wenig bringt (das ist wie beim Zähneputzen -> es muss immer wieder gemacht werden), gibt es einmal pro Jahr ein Update des GeldSparKurses.

Denken Sie auch daran, dass sich Gesetze, Vorschriften, Preise und Konditionen von Jahr zu Jahr ändern. Wir arbeiten diese Änderungen für Sie in das Update ein – Sie müssen sich um nichts kümmern!

Der GeldSparKurs hält Sie also immer auf dem Laufenden. Ersparen Sie sich viele teure Abos für Finanzzeitschriften und Software. Profitieren Sie jetzt einfach von unseren Recherchen, die Sie gebündelt im jeweiligen Update des GeldSparKurses erhalten.

Deshalb lesen wir vom FinanzplanTeam Dutzende von Verbraucherzeitschriften und durchforsten das Internet Hunderte von Stunden pro Jahr nach Ideen für Sie. Das Beste davon landet automatisch in der jeweils aktuellen Ausgabe des GeldSparKurses.

Sie erzielen einen Einspareffekt von oftmals mehreren tausend Euro pro Jahr - bis zu 5.000 Euro pro Jahr sind vollkommen normal. Sie entlasten Ihre Haushaltskasse und senken Ihre monatlichen fixen Kosten entscheidend.

Um die gleichen Vorteile durch einen Berater in Finanzfragen oder einen Sparberater zu erhalten, so wie Sie es vielleicht aus einigen TV-Sendungen kennen, müssten Sie jedes Jahr viele Hundert Euro ausgeben.

Der Tagessatz eines guten (unabhängigen und neutralen) Beraters liegt bei ca. 1.000 bis 1.800 Euro und das Jahr für Jahr. Da ist der GeldSparKurs eine echte und wahrlich günstigere Alternative.

Das sind die Vorteile im Überblick:

- Leben Sie leichter und mit weniger monatlichen Kosten, denn dann haben Sie mehr vom Leben.

- Der GeldSparKurs holt Sie aus dem Hamsterrad, des „immer-noch-mehr-verdienen-müssens" heraus und lotst Sie durch die zur Zeit 60 besten Sparideen und Tipps des FinanzplanTeams.

- So stoppen Sie den Kreislauf von - immer mehr ausgeben -dadurch immer mehr verdienen müssen - und deshalb immer weniger vom eigenen Leben haben.

- Der GeldSparKurs wird auch Ihre Lebensqualität deutlich steigern und Ihnen (wieder) ein 'ruhiges Herz' verschaffen. Denn: Wer seinen monatlichen Fixkosten nicht hinterherrennen muss, lebt angenehmer und hat mehr Zeit für die wirklich wichtigen und schönen Dinge im Leben.

- Oft erlebt man es so, als wenn man sich mit den Ideen und Tipps des GeldSparKurses seinen Seelenfrieden wieder zurückholt und damit beginnt, (wieder) so zu leben, wie man es selbst wirklich gerne möchte.

Die aktuellen Themen sowie die ausführliche Leistungsbeschreibung des GeldSparKurses finden Sie auf folgender Webseite: http://www.mein-finanzbrief.de/geldsparkurs

Der Schritt 3: Das FinanzplanTraining

Der 3. und letzte Schritt besteht in der Möglichkeit, Premiumkunde beim FinanzplanTeam zu werden. Dadurch haben Sie immer jemanden, den Sie fragen können, wenn Sie eine finanzielle Entscheidung für sich zu treffen haben.

Was ist der Sinn des FinanzplanTrainings?

Nun, wie schnell man seine finanziellen Ziele erreicht hängt nicht alleine von den eigenen Fähigkeiten ab, sondern vor allem davon, wie gut die Ansprechpartner und Trainer sind, die einem zur Verfügung stehen.

Mit einem guten FinanzplanTrainer an Ihrer Seite haben Sie es leichter. Sie vermeiden unnötige Irrwege und können Ihre Kraft wesentlich schneller in die wirklich sinnvollen Schritte zur Zielerreichung investieren. Die Folge davon? Natürlich entfalten Sie Ihr eigenes Potenzial schneller.

FinanzplanTraining ist ehrlich, denn wir werden ausschließlich von Ihnen bezahlt. Das bedeutet, wir sind auch nur Ihnen alleine verpflichtet.

FinanzplanTraining ist neutral, denn wir arbeiten vollkommen selbstständig und sind keiner Bank, Bausparkasse, Versicherung, Investmentgesellschaft oder Vertriebsorganisation angeschlossen.

FinanzplanTraining ist objektiv, denn wir vermitteln keinerlei Finanzprodukte. Wir beschränken uns auf die allgemeine Beschreibung der Vor- und Nachteile von Produkten und müssen keine Empfehlung für ein bestimmtes Produkt aussprechen.

FinanzplanTraining ist einfach zu verstehen, denn bei uns gibt es kein Fachchinesisch oder Begriffe, die sowieso keiner versteht. Wir wollen Ihnen nicht mit Fachbegriffen imponieren, sondern wir erläutern es Ihnen so, dass Sie es verstehen.

Durch das FinanzplanTraining werden Sie selbst in die Lage versetzt, die für Sie richtigen, finanziellen Entscheidungen treffen zu können. Der Trainer gibt keine Lösungen vor, sondern nimmt eher die Funktion des 'Augenöffners' oder 'Anstoßgebers' ein.

Das ist ein großer Vorteil für alle Menschen, die nicht einfach blind irgendeinem Rat folgen möchten, sondern die gerne eigenverantwortliche Entscheidungen treffen und sich darüber bewusst sein möchten, warum welche Entscheidungen im Finanzbereich gewinnbringend oder unvorteilhaft sind.

Auf den Punkt gebracht:

- Das FinanzplanTraining macht Sie freier und unabhängiger von den Meinungen anderer, weil sich Ihr eigenes Wissen und Können enorm vergrößert.

- Durch die Möglichkeiten, die Ihnen als Premiumkunde des FinanzplanTeams zur Verfügung stehen, holen Sie sich einen sehr erfahrenen Ratgeber und Trainer in Ihr Boot.

Wir möchten jedenfalls alles tun, damit Sie in Zukunft sagen können:

Es hat sich gelohnt und ich habe meine Ziele besser, schneller und leichter erreicht, als jemals zuvor. Wir freuen uns auf Sie!

Hier noch die Webadresse:
http://www.mein-finanzbrief.de/premium

Die FinanzplanIdee im Überblick

Hier nochmals der Ablauf, um in drei Schritten dauerhaft zu Wohlstand und Sicherheit zu kommen:

3. Premiumkunde des FinanzplanTeams

So holen Sie sich einen erfahrenen Trainer an Ihre Seite und haben immer jemanden, den Sie fragen können

1. Seinen eigenen Finanzplan anlegen

Dabei den E-Learningkurs nutzen oder (noch viel besser) den Online Workshop besuchen

2. Den GeldSparKurs durchnehmen

Ausgaben optimieren, gute Alternativen kennenlernen, Geldfresser entlarven. Richtig kräftig einsparen

Ihr Gutschein im Rahmen dieses Buches:

Sie erhalten von uns die Finanzplan-Demo-CD kostenfrei zugesandt. Es fallen nicht einmal Porto- oder Versandkosten für Sie an.

Auf der Finanzplan-Demo-CD ist der Finanzplan als Shareware enthalten, die Ihnen ein komfortables Testen ermöglicht.

Das Besondere: Durch den Erwerb dieses Buches, erhalten Sie Support via HOTMAIL. Das bedeutet, wir stehen Ihnen während Ihrer Testzeit für alle Fragen zum Finanzplan genauso zur Verfügung als wenn Sie bereits eine Vollversion erworben hätten!

Auf der Finanzplan-CD finden Sie die folgenden Inhalte:

Alle drei Finanzplan-Versionen werden ausführlich (mit über 25 Filmen und Demovorführungen) erklärt.

Natürlich ist die Finanzplan Software als Shareware enthalten. Genauso wie der Finanzplan für Jugendliche (YouthEdition).

Die Flash-Filme zeigen alle Zusatzmodule in ihrer Anwendung und die häufig gestellten Fragen runden das Angebot ab.

Die Finanzplan-CD beantwortet Ihnen Fragen wie:

- Wie steht es um meine Finanzen? (Als Selbsttest)

- Ist für mich ein Finanzplan überhaupt sinnvoll?

- Was bringt mir ein Finanzplan für Vorteile?

- Welche Version ist für mich die Richtige?

- Wie sehen die Formulare genau aus?

- Was kann ich mit dem Finanzplan genau tun?

- Was fange ich mit den Zusatzmodulen an?

- Muss ich mich dafür mit Excel auskennen?

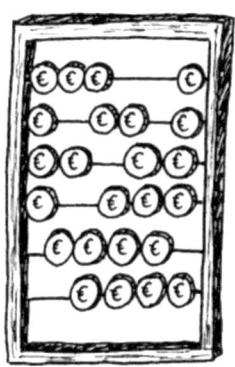

✂--

Wenn Sie die Finanzplan-CD gerne erhalten möchten, tragen Sie
bitte unten Ihre Anschrift – gut leserlich – ein und senden Sie diesen
Abschnitt an:

Fa. Mein-Finanzbrief
Anhauser Straße 78

89547 Dettingen

Mein-Finanzbrief - Anhauser Straße 78 – 89547 Dettingen

An

_____

_____

_____

So, nun sind wir bereits am Ende dieses kleinen Büchleins angekommen. Hoffentlich war es kurzweilig für Sie.

Ich bedanke mich für Ihr Interesse an diesem Buch aus dem Sie hoffentlich den einen oder anderen Tipp für sich verwerten und umsetzen können.

Ich freue mich auch über Ihre Rückmeldungen, die Sie gerne per E-Mail unter support@mein-finanzbrief.de an mich richten können.

Bei Fragen zur Software möchte ich Sie aber ausdrücklich an die Webseite http://www.mein-finanzbrief.de verweisen, die eine extra Rubrik für Feedback und Support unterhält.

Dort können Sie sich auch über die jeweils aktuellen Preise und Leistungen des Finanzplans informieren.

Ich wünsche Ihnen nun noch „allzeit gute Finanzen"

Ihr

Meine persönlichen Notizen: